あぐり流
夫婦関係
親子関係

しなやかに生きて96歳

吉行あぐり

まえがき

二十年ほど前から、二人の娘と同じマンションの別々の部屋に暮らしています。最近は、一緒に食事をしたり、旅行に出掛けたりもしますが、そんなふうに親しくなったのは、ここ数年のこと。それまではすぐに行き来できる距離にも関わらず、何週間も顔を見ないことがあるくらいだったのです。

若い頃から仕事で忙しかったこともあり、子どもたちと一緒に食事をすることすら、ほとんどありませんでした。多くのお母さんたちは、「勉強、勉強」「早く」などとおっしゃったりするようですが、そんなこと、考えたこともありませんでした。私の場合はただ着せて、ただ食べさせただけ。一所懸命働きはしましたが、子どもたちを育てたというよりは、勝手に大きくなってくれました。

私の家族は皆、干渉するのもされるのも、大嫌いな人たちです。他人はもちろん家族に対しても、「人は人、自分は自分」と、マイペースな性格なのです。それは、最初の夫だったエイスケさんも、再婚した辻さんも同じ。女性が仕事をもつことが珍しかった時代に美容師を志し、八十年近くこの仕事をしていますが、こんなにも長い間、仕事を続けてこられたのは、そんな家族のおかげだったような気がします。

親子にしろ、夫婦にしろ、家族というのは、とかくお互いに干渉しがちなもののようですね。理想の家族関係というのは人それぞれだと思いますけれど、私の場合は、たとえ親子であってもお互いの領域を侵さずに、親は親、子どもは子どもの人生を生きて、その結果、仲良くやっていけるのが幸せな関係だと思っています。だからこそ、娘たちに迷惑をかけないようにと、何とか頑張っている次第です。

これまでの九十七年の人生には、本当にいろいろなことがありました。私は何でもすぐに忘れてしまう性質なのですが、今あらためて振り返ってみますと、夫や子どもたちに関する出来事は、比較的よく覚えていることに、今さらながら気付き、夫婦や親子という縁の深さを感じます。

夫婦や親子の問題は、いつの時代にもあるものだと思います。私の人生がそれほど皆さまのお役に立つとは思えませんけれど、何しろ長く生きてきましたから、たくさんの出会いと別れがありました。その経験や心のもちようが、この本を読んでくださる方に、少しでもお役に立てば幸いです。

あぐり流　夫婦関係・親子関係〔もくじ〕

十五歳での結婚、夫の死、そして子連れ同士の再婚

美容師になることを猛反対した舅と協力してくれた姑

作家・淳之介と理恵、女優・和子の「ママ」は母親失格!?

七十八年の美容師歴　生まれ変わってもまた美容師になりたい！

あぐり流キレイと元気の秘訣

十五歳での結婚、
夫の死、
そして子連れ同士の再婚

十五歳で始まった、困った夫・エイスケさんとの結婚生活

女学校に入学した大正九年、十二歳のときに、父が突然亡くなりました。それから三年あまりが過ぎた頃、母がこう言いました。

「吉行さんのところに行く気はないかね。身ひとつで来てくれれば学校も続けさせてくれると言ってくださっているのだけれど……」

私はよく意味も分からないままに、「学校をやめなくていいのなら」と、吉行家に行くことを承諾したのです。女学校四年生、十五歳のときのことでした。

こうして私の夫となったエイスケさんは、私が岡山の吉行に結婚して行きました頃、すでに文学を志していました。家にはめったにおらず、後に東京で生活するようになっても彼の生活様式は変わりなく、なかなか忙しいようでした。

昭和3年、エイスケさんと一緒に。
二人で写した貴重な一枚

彼を追って東京には来たものの、いつも忙しく、構ってはくれないエイスケさんをあてにはできないという気持ちも手伝って、私は洋髪美容師の山野千枝子先生に弟子入りしました。そして修業を終えて美容院をもち、仕事にも慣れてきたある日のことです。銀座で美容院のお弟子さんたちと歩いていたら、前から派手な色の太い縦縞の着物の女の人がやって来るので、派手な人だなぁと思って見ていましたら、その人が寄り添うように歩いていたのは、なんと我が夫、エイスケさんでした。

おやっと思いましたが、お互いに知らん顔して通り過ぎました。彼女は分かったでしょうか。私を知らないのですから、きっと心穏やかだったのでしょう。けれど翌日、エイスケさんが私に素敵な草履を買って来たのは、とてもおかしかったです。

それでも最初のうちは、他の女の人のことを見聞きするたびになんて人だと思って私なりにくやしい思いもありましたし、大層悩みました。けれどそのうち、私の旦那さんだなんて思っていたらいちいち身がもたないですから、「あの人は他人だ」と思うようにしましたら、エイスケさんが何をしようと平気になりました。

ただ、エイスケさんは、生活はそんなふうでしたけれど、人間的にはちゃんとした人だったのではないかと思うのです。私の美容院で働いている人たちには皆に平等に良くしていましたから、非常に人気がありました。ごはんを食べさせたり、遊びに連れて行ったり、私はそうしたことに気が回らない人間ですから、彼なりに、フォローしていたところもあったのかもしれません。

それに彼は、私のことをよく分かっていたのだと思います。最近、エイスケさんが二十四、二十五歳くらいのときの文章を読んだのですが、その中に私のことが「くそ真面目でコツコツ物事をやっているけれど、女としてはどこか足りない」などと書いてあって、驚きました。

私が彼のことをある部分、諦めていたように、きっとあちらも、私のことを諦めていたのでしょう。一緒に歩いたり食べたりするのは女らしい人のほうが面白かったのではないかと思います。私は女というよりは、遊び相手や友だちみたいな感じだったのではないでしょうか。車であっちこっち連れて行かれたり、流行りのチェスやダイスの相手をさせられて、私がたまたま勝つと怒ってやめてしまったり……そんな思い出はいろいろとありますから。

でもやっぱり、私のような人間じゃなかったら、稼ぎもない遊び人のエイスケさんなんて、すぐ離婚されてしまって、何回結婚してもダメだったと思います。

奇抜な洋服が好きだったエイスケさんに着せられた、いちょう色のワンピース

私が十八歳で山野千枝子先生のところで美容師の修業を始めた頃は、まだほとんどの人が着物を着ていた時代。しばらくして、仕事着も動きやすい洋服でかまわないことになり、私も洋服を着るようになったのですが、その頃は私の知る範囲では、既製服を売っているところなどなく、縫ってくれる人を探さなければなりませんでした。

セーターなどもよく自分で編んでいましたが、太い毛糸でカーディガンを編み、両脇だけインド更紗を縫いつけたりして、とにかく好きな洋服がなかったものですから、美容師じゃなくて、洋服を作る人になればよかったかなと思ったこともあるほどです。

銀座には「オーキ」という立派な洋服屋さんが一軒ありましたが、とてもとても手も足も出ないようなお値段でしたのでしょうから、よく横浜まで、洋服を作りに行ったものです。

当時、私がよく着ていたのは、体の線がしっかり出るようなスーツや、柔らかい素材のツーピース。それに、仕事のとき以外はハイヒールを履いていました。ただ、私はおしゃれは好きなのですが、どちらかというと派手なのは好きではありません。茶系はあまり似合わない気がして着ませんでしたから、紺色ばかり着ていました。

一方、エイスケさんはというと、おしゃれの上でも、早く生まれ過ぎた人だったのではないかと思います。「男は男らしく」という時代でしたのに、ヘンテコリンな帽子をかぶって、ルバシカ（ロシア男子のブラウス風上衣）みたいなものを着たりしていましたから、随分目立っていました。

忘れられないのは、あるときエイスケさんが私に着るようにと、いちょうの葉のような真っ黄色のワンピースと、それと同じ真っ黄色に染めさせた靴下を持って来たときのことです。私も従順というかなんというか、それを着て歩いていたのですが、今考えると、あれはひどかったなぁ、あんなのが歩いていたら、みんな驚いただろうなと思うような派手なものでした。

それから、裾だけ黒いビロードを波形にはめ込んだ、真っ白いビロードの和服用のコートを作らせて、着せられたこともありました。そのときも着るように言われたので素直に着ていましたが、まるで討ち入りのときの大石蔵之助みたい。でも、きっとああいうのがエイスケさんの好みだったのでしょう。


そんな父親に似たのか、三人の子どもたちも、それぞれに着るものの好みは難しいようです。

長男の淳之介が五歳くらいのときだったでしょうか。海水浴に行くのに、エイスケさんが買ってきた紺色と黄色の太い縞模様の水着を、

「そんなの絶対に着ない」

と、どうしても着なかったことがありました。そのときは子どものくせに頑固だなと思いましたが、大人になっても、彼は気に入ったものであれば、同じスーツを何着も作ったりしていましたから、よっぽど好みがはっきりしていたんだなと、今になって思います。

最近の私はというと、もっぱら長女の和子が専属スタイリストといったところです。

彼女が私に似合うもの、好きそうなものを探してきてくれるのですが、和子が言うには、それがなかなか大変なのだそうです。ときどきブカブカのセーターを買ってきてくれたりするのですが、何しろ今はすっかり体形が崩れていますから、大きいセーターがちょうどいいのです。洋服探しも本当に大骨折りのことでしょう。ですから、昔は似合わないと思っていた茶系の色も含めて、彼女が買ってきてくれたものを、素直に着ているこの頃です。

「男子厨房に入らず」の時代、料理好きだった夫は美容院を支える縁の下の力持ち

最近の若い方たちは、男性でも料理をなさるのでしょうが、昔は「男子厨房に入らず」で、男の人は料理をしないものでした。私の父など、台所に入ったところすら、見たことがありません。

ところが私の夫、エイスケさんは、男だからなどというこだわりがなく、よく台所に立っていました。

美容院で働いている人を、ちょくちょく食事に連れて行ったりして、食べることが好きな人でしたから、自分が食べたいものを食べたいときに作っては、私たちにも食べさせたりしていたのです。

彼が作ってくれるものは、とにかく斬新でした。トマトやきゅうりをバターで炒

めたりするのですが、当時はトマトなんてそんなに出回っていなかった時代です。私の母も新しいもの好きでしたから、実家にいた頃から食べてはいましたが、せいぜい湯むきしたものに塩を振って食べるくらい。昔のトマトは今のと違って、臭いはきついし、酸っぱいし、食べるのに苦労したものでした。

けれど、エイスケさんのバター炒めは、なかなかおいしかったです。だけど私は「おいしい」なんて言ってあげたかどうか……。それに、おいしいから自分でも作ってみようなんて、当時は思いもしませんでした。

エイスケさんだけでなく、二度目の夫、辻さんも、結構、料理をする人でした。彼の場合は、前の奥さまが長い間、病気で寝ていらしたので、料理も自分でやっていたようです。私は忙しくて手が回らないし、あまり上手じゃないですから、自分がしたほうがいいやと思っていたふうでした。

私の世代の人は、料理することを男性もあまり考えないですし、女性も「男の人が料理だなんて……」と、嫌がる人が多いようです。けれど、私はそんなこと、全然思ったことがありません。

エイスケさんも辻さんも、食べたいものがあれば自分で作るし、着るものも、自分の好きなものを自分で揃える人たちでした。いくら私が何も考えない性格だからといって、あれこれ世話を焼かなければならない旦那さまだったら、仕事を続けるのも大変だったのではないでしょうか。それにもしそんなふうだったら、相手の人は私のような妻では、離婚だって考えたかもしれません。

今頃になっていろいろ思い出すのですが、エイスケさんは何もしないようでも、縁の下の力持ちとして、美容院の仕事をサポートしてくれてもいました。

新聞に広告を出したり、忙しいときには銀座のお店までお弁当を届けたり……、当時は知らん顔して、ありがとうも言わなかった気がしますが、その頃は男が女の仕事を手助けするなんて、考えられなかった時代です。よくやってくれたなぁ、感謝しなければなぁと、遅ればせながら思っています。

何しろ私は、いろいろなことを五十年くらい経ってからでないと分からないのです。我ながらあきれるほど、どこか欠けた人間だと思います。

美容院のお弟子さんたちと一緒に。前列右から4人目。
最前列には淳之介、最後列にはエイスケさんの姿もある

三人の子どもと寝たきりの姑を残し、三十四歳で夫が急逝

昭和十五年の夏、エイスケさんは三十四歳の若さで、突然亡くなりました。

私が三十三歳、長男の淳之介が十六歳、長女の和子が五歳、次女の理恵は前日に一歳になったばかりでした。

その日、エイスケさんと私は一緒に車でどこかに出掛け、夜になって家に戻りました。私が子どもたちと寝ておりましたら、隣りの部屋に寝ていた姑に、エイスケさんの様子がおかしいといって起こされたのです。

いつも彼は廊下の先の少し離れた部屋に寝ており、お酒を飲んで帰ってくると、ゲーゲーいったりしてやかましいのはしょっちゅうでしたから、私はあまり気にしていなかったのですが、それならばという感じで様子を見に行ったところ、とても

苦しそうなのです。慌ててお医者さまを呼びましたが、もう間に合いませんでした。心不全でした。

その前日には、エイスケさんはパンツ一枚で部屋の中をうろうろしており、姑が、「あなた、いい体をしてるのね。それじゃあ、殺しても死なないわね」などと言っていたのですから、さぞかし姑も驚いたことでしょう。いるかいないか分からないような旦那さまでも、さすがに私もショックだったのでしょう、三日ぐらいは食事も喉を通りませんでした。ワンワン泣くというよりは、呆然としてしまって、何もできないし考えられない状態。特に彼を頼っていたつもりもなかったのに、「これからどうやって生きていけばいいんだろう」と不安に駆られました。

けれど一週間もすると、借金相手は現われるわ、女性の問題は発覚するわで、泣いている場合ではなくなったのです。

女の人の話は、エイスケさんが親しくしていたお友だちから聞かされたのですが、その女性のお腹には、エイスケさんの子どもまでいるといいます。これにはさすがの私も驚きましたが、

「気の毒だからお金の世話をしてあげてもらえませんか」

と言われて、確かに子どもを抱えて大変だろうなぁと思って、できる限りのことをして差し上げました。

やりたい放題やっていたエイスケさんでしたが、やはり私にとっては大きな存在だったのだと思います。

生きていたときは、彼が書いたものをほとんど読んだことがありませんでしたが、平成九年にNHKの朝の連続テレビ小説で「あぐり」が放送されてから、彼の原稿が送られてきたり、岡山の百貨店でエイスケさんのものを集めた展覧会が開かれたりして、エイスケさんてこんな人だったのかーと、初めて認識したような気がしました。

二十歳前後に書いたものを読んでも、随分しっかりしていますし、何よりも、彼の優れた感受性には感心してしまいます。

三十四歳で亡くなったのですから、今の私からしたら孫みたいなものですけれど、それでも、とても彼にはかないません。彼は百年くらい早く生まれ過ぎた人だと思います。さぞ生きにくかったことでしょう。でも、自分に迷いなく立派に生きた人だったなぁと、今では感心しています。やっぱり私は気付くのが、五十年遅いようです。

生きているときは全然思いませんでしたし、もしエイスケさんが長生きしていたらそう思うかは分かりませんが、最近は、エイスケさんはなかなかの男だったなぁと思うのです。ですから、もし生まれ変わって、エイスケさんがその気になってくれるなら、また彼と結婚するかもしれません。

夫が残した目のくらむような借金を、働きながら無我夢中で返す

エイスケさんが亡くなった後、彼が莫大な借金を作っていたことが発覚しました。彼は亡くなる少し前から筆を折り、事務所を構えて株屋をやっていましたので、おそらく株で失敗したのだと思います。

金額はどのくらいだったのか、今ではよく分からないのですが、とにかく目のくらむような額でした。私の知らない間に美容院のあった市ケ谷の百坪ちょっとの土地は二重抵当に入り、電話も何もかも借金のかたになっていましたし、箱根にあった小さな別荘や、そこにあった家材道具一式も、気が付いたときには一切が人手に渡り、きれいさっぱりなくなっていたのです。

けれど、三人の子どもたちもいましたし、病気で寝ている姑の世話もしなければ

なりません。私には、泣いている暇などありませんでした。

すべてを売り払って岡山に帰ったほうがいいのではと言う人もいましたが、子どもの学校や、美容院で働いてくれているお弟子さんたちのことを考えると、なんとか頑張って返していくしかないということで、とにかく無我夢中で働きました。そうして何とか借金はお返しすることができたのですが、どのくらいの年月がかかったのか、どなたにいくら返したのか覚えていません。忘れるっていいことです。

美容師を志した当初は、周りから「女髪結いになるなんて」と散々言われましたが、結局それで家族がなんとか生活していけましたから、仕事をもっていて、本当によかったと思います。素敵な結婚をなさって、優雅な日々を送っていらっしゃる方もいますけれど、そういう巡り合わせでなかったら、どうしようもないですもの。

私はもし生まれ変わることがあっても、やっぱり仕事をするのではないかと思います。緒方貞子さんみたいな立派な才能に恵まれて、世の中の役に立たれている方なんかを見ると、素敵だなと思って憧れるのですが、私の場合は、きっとまた美容の仕事をするのではないでしょうか。ほかのことは、なんにもできそうにありませんから。

娘たちには相談せずに決めた、子連れ同士の再婚

昭和二十四年、四十二歳のとき、縁あって再婚しました。

相手の辻さんは、長年、美容院にいらしてくださっていたお客さまの弟で、次女の理恵と同い年の娘さんがいました。奥さまを亡くし何度もお見合いをしたものの、子持ちで四十歳を過ぎた普通のサラリーマンが再婚するのは、なかなか難しかったようで、私に白羽の矢が立ったわけです。

エイスケさんが亡くなって、すでに十年近い年月が過ぎていましたが、私には、全然再婚する気がありませんでした。別に、この先ずっとひとりでやっていこうなどと思っていたわけでもなかったのですが、まだ吉行の舅も岡山に生きていたので、

「とても許してもらえませんので」

とお断りしていた矢先、幸か不幸か、その舅が急に亡くなったのです。お客さまでもあるお姉さんは、

「子どもが可哀想だから」

としきりにおっしゃいますし、娘二人育てるのも、三人育てるのも同じことかと思って、再婚することにしました。

辻さんとの再婚は、すでに結婚し、独立していた淳之介には相談しましたが、和子や理恵には詳しくは話さなかったように思います。考えてみれば、ひどいお母さんですが、きっと娘たちも、この人はそんなものだと思っていたのではないでしょうか。

こうして私と辻さん、和子と理恵、辻さんの娘の玲子との暮らしが始まったわけですが、特に玲子は私にとっては義理の娘ですから、何かあっては困ります。それなりに気も遣いましたが、和子や理恵はけんかをするような人間ではありませんし、ちょっとタイプが違うこともあって、なんとかうまくやっていました。

また、辻さんは辻さんで、和子や理恵に気を遣っていたようです。

特に理恵の感性を認めていたようで、

「女子美にやったらどうだろう」

と言ったり、猫が好きな彼女のために、猫の絵が描いてある小物を探しては買って来たりしていました。

けれど理恵は繊細で、たとえば一緒にご飯を食べていても、「そろそろお茶を入れないと」などといろいろなことに気が付き過ぎるので、人といると、疲れてしまう性質なのです。

ですから後に、同じマンションの別々の部屋に住み始めてからも、玲子はすでに結婚しており気軽に私たちに接していましたし、和子も私たちの部屋に入ってきて辻さんと話すこともありましたが、理恵は辻さんが生きていた頃は、めったに私たちの部屋には入って来ませんでした。

理恵に限らず、私の子どもたちは、あまり甘えかかるような人間ではありません。けれど今思えば、そんなふうだったからこそ、辻さんとの関係においても、玲子との関係においても、何とか無事に過ごすことができたのでしょう。

40代前半、再婚した頃。自宅の庭で

妻が稼いで夫が使う……
二人の夫からの収入がなかったという不思議

今になって変だったなぁと思ったりするのですが、私は、エイスケさんからはもちろん、再婚した辻さんからも、生活費なんてほとんどもらったことがありませんでした。

まともな稼ぎのなかったエイスケさんはともかく、辻さんはサラリーマンできちんと収入のある人でしたのに、私も旦那さまから生活費をもらうという考えがなければ、相手も払う気がなかったのでしょうか。

辻さんは、とにかくいろんなものをたくさん持っていました。派手な人ではありませんでしたが、おしゃれが好きだったのでしょう、洋服でも、「あなた、俳優さんみたいね」というくらい、高価なスーツが、私の洋服なんか入れるところがないくらい、タンスにズラッとかかっていました。今考えてみれば、入ってくるお金が全部自分のために使えるのですから、サラリーマンとはいえ、かなり余裕があったのでしょう。

エイスケさんにしても、辻さんにしても、どうして離婚しようと思わなかったのか、自分でも不思議です。

たぶん私には仕事があって、経済的に相手に頼る必要がなかったということも大きかったのだと思いますが、普通はそれにしたって、もう少し考えるものですよね。けれど、もしいろいろ考えたところで私の場合、そのときそのときの状況のなかで一所懸命やるだけで、一歩踏み出すなんてことが考えられないのですから、別れようとは思わなかったかもしれません。

だいたい私は、今のことしか思い付かない人間なのです。夫婦はこうあるべきだとか、夫にはこうあって欲しいなんて、考えたことがありません。今を生きることに精一杯だったともいえますが、きっと私は、お金にあまり執着のない人間なのだと思います。

多趣味な夫は定年後も手間いらず。おかげで思う存分働けた私

会社を定年退職した旦那さんが、趣味がなくて奥さんに頼りきりになってしまい、「濡れ落ち葉」なんていわれたり、熟年離婚したりする話を、最近、よく耳にします。

私の二人目の夫だった辻さんもサラリーマンでしたから、定年退職があったわけですけれど、彼の場合は、その点、心配ありませんでした。

上野の美術学校（現　東京芸術大学）を出た人でしたので、退職後は、女性だけの絵画教室を設けて楽しんでいました。数年後にその教室は閉じましたけれど、神宮外苑にテニスに出掛けたり、また、釣りも好きで、岡山の甥から瀬戸内海に良い釣り場があるからと誘いを受けては、飛行機で飛んで行ったりして、それは優雅に遊んでいました。

辻さんは、趣味をもっているだけでなく、料理もすれば、着るものも揃えるし、身の回りのことはひと通り自分でできる人でした。それに、物静かで穏やかな人でしたから、五十年近くも一緒にいたのに、私はあまり、結婚生活をしたという実感がないのです。

一方の私は、もちろん定年退職などなく、相変わらず忙しく働いていましたので、二人で旅行に出掛けたりしたこともありませんでした。今思えば、夫婦というよりは、同居人がいたという感じでしょうか。辻さんは、自分の好きなことしかしない人でしたし、私は私で好きなことを勝手にやっているし、向こうも私を奥さんとは思っていなかったかもしれません。

今さらながら、なぜ別れなかったのかと思うようなこともありますが、私は自分の領域が侵されなければ、それでいいというようなところがあるのです。その点、辻さんは干渉するような人ではありませんでしたから、共同生活が成り立っていたという気がします。

九十歳で再び夫を見送って、自分の鈍さを改めて知る

辻さんは、平成九年、九十歳で亡くなりました。同い年でしたので、私も九十歳のときのことです。

三十四歳でのエイスケさんの突然の死に対し、辻さんは老衰というのでしょうか、亡くなる間際こそ苦しそうではありましたが、徐々に体力がなくなっていった感じで、静かで穏やかな最期だったと思います。

早くに結婚し、二人の子どもも成人していた娘の玲子が、「家で看病して欲しい」と言いますので、今も住んでいるマンションの空室をお借りして病室にしようと思い、大家さんにお願いしました。そしてその手はずを整え、手助けをしてくださる方を探そうと、長年お世話になっていたお医者さまに相談しましたら、

「そんなことしたら、あなたが倒れてしまうからダメ」

と言われました。ですから、最後のひと月は、病院に入院していました。

お互いに年もとっていましたし、辻さんの静かな死にはエイスケさんが亡くなったときのようなショックはありませんでした。

それにしても、私は人の死に対しても、すごく鈍感な人間なのでしょう。

あれだけ毎日のように、テニスだ釣りだといって遊び歩いていた辻さんが、亡くなる前の二年くらいはソファーに腰掛けたり横になったりして、じーっとしていることがほとんどでした。

それまでがそれまでなのですから、普通そういう状態だったら、「どこか悪いのかしら」とか何とか考えそうなものです。辻さんは九月に亡くなったのですが、玲子は後で、

「私は今年の始めから、もうダメだと思っていたのよ」

と言っていました。それなのに、私ときたら全然。じーっとしてあまり動かない辻さんを、どこかを眺めているんだろうなぐらいにしか思っていなかったのですから、あきれたものです。

美容師になることを
猛反対した舅と
協力してくれた姑

スペイン風邪で二人の娘が急死、そして夫までも失った四十歳の母

私の母は、岡山の市内からずっと山奥に入った巨勢村というところの村長の娘でした。決してきれいな人ではありませんでしたが、田舎者のわりには、おしゃれで、好奇心旺盛な人だったと思います。

私の子どもの頃は、お正月に紋付き袴で学校に行くのですが、皆さん黒い紋付きに海老茶の袴なのに、私だけは絹の薄い青色の紋付き。しかも、袖の内側に刺繍がしてあるものを着せられていました。今思い出すと、とても素敵な着物なのですが、当時は子どもでしたから、友だちと違うのが、ただただ恥ずかしかったのを覚えています。

岡山に洋食屋さんができたときなど、母は真っ先に、そこからオムライスやビフ

右から4人目。二人の姉、妹、二人の弟、そしていとこたちと一緒に。
岡山の実家の裏庭には、さまざまな花が植えられていた

テキをとって、私たちきょうだいに食べさせたりしていました。まだ家庭で洋食を作るような時代ではありませんでしたし、外食するのははしたないという風潮がありましたから、よっぽど新しいもの好きだったのだと思います。

弁護士をしていた父は恐い人ではありませんでしたが、無口で威厳があって、まさに「昔の親父」という感じの人でした。母もいつも父を立てて、言葉にしたことはありませんでしたが、「お父さまが一番偉いんだ」ということは、父に対する母の態度で子ども心にも了解していました。

私の両親は二人とも勉強、勉強なんて言いませんし、ほかの人のことは一切話題にしませんでした。小学生の頃、友だちが「あの人のお家は……」「○○さんは……」といろいろ話を聞かせてくれますので、この人はどうしてこんなこと知っているのかなと、不思議に思ったものです。

そんな父がスペイン風邪で突然亡くなったのは、母が四十歳のときのことです。その数ヶ月前には、二人の姉も同じスペイン風邪で相次いで亡くなっていましたから、母の心痛は、大変なものだったでしょう。

いくら父が羽振りよくしていたとはいえ、稼ぎ手がいなくなったのですから、母は大変心細かったと思います。かといって当時は女の人が外で働くような時代ではありませんし、母にもそんな考えはなく、家を売って小さな家に移り住んだり、投資したりして、何とか残された四人の子どもたちを立派に育て上げようと頑張っていました。母は家計が苦しいなどとはおくびにも出さず、気丈に振る舞っていましたが、実のところ、人にだまされたりして、いろいろと大変な目にもあったようです。

母が亡くなったのは、私が二十九歳のときでした。私と一つ違いの妹が、とても優しくて優秀な人でしたから、母としても可愛かったのでしょう、最後は岡山市内の妹夫婦のところにいました。

若くして夫や娘に先立たれ、四人の子どもをひとりで育てなければならなかった母は、気の毒だったと思います。けれど、私が若くして未亡人になったり、大きな借金を抱えたとき、なんとか乗り越えてこられたのは、母のおかげかもしれません。どんなときにも明るく気丈だった母の姿は、私に頑張りをくれたような気がするのです。

舅の猛反対の中で選んだ美容師の道

それにしても、世の中、本当に変わりましたね。今は、若い女性などですと、お仕事をおもちにならない方のほうが少ないのではないでしょうか。私のときなどは女の人が仕事をもつこと自体が珍しく、女性が丸善の売り子になったというだけで「女が仕事してる」と珍しがられていました。

そんな時代、すでに結婚していた私が美容師になると言い出したのですから、岡山の舅は激怒しました。

美容術を勉強するには、結構なお金を吉行の家から出してもらわなければならなかったわけですが、どうせお金がかかるのなら、もう一度学校に行き直して、教師にでもなってくれたほうがましだと言われました。

今は美容師もちゃんと職業として認識されていますが、当時は「女髪結い」などといって、あまり良しとされない職業だったのです。舅に言わせれば、小説家は三文文士、俳優は河原乞食なのですから、うちは家族みんなが舅の気に入らない仕事に就いたことになります。

舅に反対されても美容師になれたのは、姑の力添えがあったのも大きかったのですが、結局は、自分がやりたいからやったというのが正直なところです。私は、周りのことをあまり気にしない人間で、相談しないで事を進めることが多いのです。ですから、周りの人たちがよく理解してくれたと、後でつくづく思いました。

でも、この世界に入って山野千枝子先生のところでお勉強させていただいて、本当に良かったです。いろんなことを経験したおかげで、やっとどうにかこれくらいの人間になれたと思いますから。

大人になってからは、エイスケさんにすすめられるままに派手な洋服を着たりもしていましたけれど、子どもの頃は、きょうだいの中で、私が一番文句が多くてわがままだったらしいのです。母が反物を買って着物を仕立ててくれても、それが気

に入らないと絶対に着ないので、母が怒って、

「そんなに嫌なら裸でいらっしゃい」

と言われたことを覚えています。とにかくリボンひとつでも、気に入らないと絶対イヤなんですから、本当に嫌な子だったなぁと、思い出すと冷や汗が出てしまいます。

普通の結婚をして普通に奥さんをしていたら、あのまま、わがままでイヤ～な女になっていたのではないでしょうか。美容師の修業はなかなか大変なものでしたけれど、父も早くに亡くなりましたし、人間形成の上でも役に立ったのでないかと、最近つくづくそう思うのです。

何かにつけて厳しかった姑は、子どもたちの面倒を見てくれる良き理解者でもあった

岡山には、私の通っていた岡山県立第一高等女学校と、お金持ちのお嬢さまが行かれるのでしょうか、私立の山陽女学校という学校、そのほか二、三の女学校がありました。エイスケさんのお母さん、つまり私の姑は山陽女学校の出身で、おそらく首席だったのではないでしょうか、よくおできになる方だったようです。

何につけてもきちんとしており、着物などもいつもピシッと着ている感じで、厳しい人ではありました。そんな方が姑なのですから、大変だと思えば大変だったのだと思いますが、私はのんきですから、何とも思いませんでした。

それに、遊び人のエイスケさんを後継ぎとして落ち着かせるために、まだ幼い私と無理無理結婚させたということもあったのでしょう、使っている人たちには私の

ことを「お嬢さま」と呼ばせていましたし、嫁というよりは、実の娘のように可愛がってくれていたように思います。

弟がひがむくらい、長男のエイスケさんを可愛がっていた姑は、孫である淳之介のことも溺愛していました。しばらくして、東京に行ったきり戻らないエイスケさんを連れ戻すべく、私を東京に送り出したときも、「淳之介は私が面倒を見ますから」と、置いて行かされたくらいです。

けれど今考えると姑はしっかりした人で、「それをしてはいけません」「そこを歩いては危ない」と、うるさいところがありました。だからこそエイスケさんのように、家を飛び出すような息子ができたのではないかと思うと、淳之介は可哀想だったかもしれないなと、ちょっと思ったりもするのです。


それはともかく、東京に出た私が山野千枝子先生に弟子入りしたいと言い出したとき、姑は反対するどころか、一緒に先生のところについてきてくれました。普通なら、嫁が仕事をしたいなどと言い出したら、「とんでもない」と一喝されるところです。けれど姑は、応援してくれたのです。

大正14年、17歳頃。
エイスケさん、淳之介、姑とともに

姑は、舅にとって二度目の奥さんで、先妻の妹。年齢がかなり離れていたことなどもあり、あまり仲の良い夫婦ではなかったようです。舅からすれば、しっかり者で潔癖症の奥さんに気詰まりなところもあったのでしょう、住み込みで美容師修業に励む私に代わって淳之介を育てるという名目で、姑は東京に来て暮らし始めました。

厳しいおばあさんが近くにいて、子どもたちは大変だったようですけれど、嫁である私との関係は、うまくいっていたと思います。私は仕事があって、べったり一緒にいるようなことはありませんでしたし、子どもたちの面倒を見てもらえて、本当に助かりましたから。

姑は、私とエイスケさんの関係については何も口出ししませんでしたが、心の中では私のことを気の毒に思い、いろいろと悩んでいたようです。自分自身の夫への態度にも悔いがあったようで、後に「生長の家」という宗教にはまり、大きな本を持って来て、これを読めば幸福になると言い出したこともありました。

私が自分の美容院を開店してまもなく、姑は市ケ谷駅で転び、腰を打ってしまいました。まだ四十代前半のことです。それから五十六歳で亡くなるまで、ほとんど寝たきりだったのですから、本当に気の毒でした。

歩けなくなってからは、なかなか外にも出られませんでしたから、できるだけ気持ち良く暮らしていただければと思い、いろいろ工夫しました。お月見などに美容院のお弟子さんたちを連れて来て、宴をするのですが、姑が「和歌を作りなさい」などと言うものですから、皆で苦心惨憺して作ったものです。

実のお母さんに言われたらどうってことないことも、お姑さんに言われたらこたえることがあります。けれど、私には人の言葉の裏を読むということができないので、うまくいったのかもしれません。

それに、私は頑固なところがある一方で、素直で単純な人間でもあるのだと思います。姑はとても太刀打ちできる相手ではありませんでしたし、大抵のことは自己主張せず、譲るようにしていました。ですから、口答えはしないし、働いてはいるし、悪い嫁ではなかったのではないかと、自分では思っています。

当たらず触らずほど良い距離を置いたお嫁さんとの付き合い

戦後しばらくして、淳之介は結婚しました。

最初は夫婦で、私や和子、理恵と同じ家に住んでいたのですが、しばらくして私が辻さんと再婚することになり、辻さんが同じ敷地に家を建てましたので、隣り同士で暮らしていたのです。

だからといって、私も忙しかったですし、一緒に食事をしたり、どこかに出掛けたりということはありません。当時はまだ、淳之介の家には電話がなかったので、せいぜいその取り次ぎをするくらいの関係でした。

父親であるエイスケさんが早く亡くなったこともあり、淳之介は私を特別大切に思ってくれているところがありました。ですから、お嫁さんも私のことを「ママ、ママ」と慕ってくれていたように思います。でも私は、向こうから何か言って来ない限り、触らないよう触らないようにしていました。というのも私からすると、彼女はちょっと変わっていて、理解できないところがあったからです。

あるとき、お嫁さんが私に、

「ママ、私はあなたのご面倒は見ますけど、和子さんと理恵さんのことは知りません」

と言ってきたことがありました。彼女には彼女なりの理由があったのでしょうが、私はこの人はどうしてこんなことを言うのかしら、和子や理恵は嫌な小姑なのかなと、理解に苦しみました。それに私は将来、誰にも面倒をかけたくないと思っていたのです。

いずれにせよ、嫁姑の関係というのは、なかなか難しいものだと思います。一緒に住んでいる人、離れている人、物理的な距離はいろいろでしょうが、関係がうまくいくかいかないかは、お互いの心構えと人間性なのではないでしょうか。

作家・淳之介と理恵、
女優・和子の
「ママ」は母親失格⁉

長男・淳之介を出産して、十六歳で「ママ」になる

十六歳で淳之介を生み、母親になってから、私はみんなに「ママ」と呼ばれるようになりました。

当時はきっと、そんな呼び方は珍しかったのでしょうけれど、エイスケさんがそう呼ぶようになったのだと思います。それから後は、エイスケさんとも、ずっと「パパ」「ママ」と呼び合っていました。

三人の子どもたちも、私のことは「ママ」と呼んでいましたが、今では「ママ」と呼ぶのは理恵くらいです。

淳之介はいつからか「おふくろさん」とか「おふくろ」と呼んでいましたし、和子もいつの間にか私のことを「あぐちゃん」と呼んでいます。「おふくろ」でも「あ

ぐちゃん」でも「ママ」でも私は何でもいいのです。

それにしても、吉行に行った当初は、まだ若かったこともあり、家で働いている人たちには「お嬢さま」と呼ばれていたのに、それがある日突然「ママ」になったわけです。確かに母親になったことは間違いありませんが、エイスケさんのいとこをはじめ、親戚中のみんなが、まだ十六～十七歳の私を「ママ、ママ」と呼んでいました。


名前といえば、最近、新聞などで夫婦別姓のことを目にしますが、確かにお仕事をもっていらっしゃる方などは、名前が変わっては不都合なことも多いでしょう。

私と二人の娘も、私が再婚したとき、知らない間に辻さんが、さっさと役所で婚姻と養子縁組の手続きをしてきてしまったので、名字が吉行から辻に変わりました。けれど、和子と理恵は突然名前が変わると学校で不便ですので、そのまま吉行姓を名乗りました。私も長年使い慣れた名前ですから、当然のように吉行姓を使っていました。あまり難しく考えたことがなかったのです。

それにしても、戸籍とは誠におかしなもので、私が吉行にもらわれて行って間も

なく姑から、

「入籍をしましたから、これからあなたは吉行姓ですよ」

と言われ、あーそーかーと思っただけでした。入籍の手続きは、大層簡単なのでしょうね。

辻さんの死後、私も和子も理恵も、名実ともに、再び吉行に戻りました。私は名前だとか籍だとか、そういうものにこだわりのない人間だと思っていましたが、ただ単に無知だったのでしょう。和子は外国へ出掛けるときのパスポートは戸籍名の辻和子でなければならず、不便だったようです。

既婚の若い女性から、妻の権利を聞かされたときは、とても感心しました。私は考えたこともなかったのでした。また、ある女性は入籍の難しい状態での生活を、大層悩んでいました。とても入籍にこだわっていらっしゃるので、私はどうしてあんなに悩むのかと思いましたけれど、籍とは重大なものなのですね。

なんにもないのが子育ての方針。ただ礼儀と公私混同しないことの大切さだけは言いました

私の子どもの頃は、男はしっかり勉強し、末は大将か大臣に、女は良妻賢母に、という時代でしたが、父母は勉強しろなどとは一言も言わない人でした。ただ、私がきょうだいの中で一番お行儀が悪かったからでしょうか、お行儀にはうるさかったように思います。

性格にもよるのでしょうが、親というのは、子どもに対して「こうあって欲しい」「こうあるべき」とお思いになるもののようですね。特に最近は女性も高学歴の方が多いので、ご自分に自信がおありなんでしょうし、子どもの数が少ないから目も届きやすくて、親も子もお互いに大変だなぁと思います。

私の場合は、和子は体が非常に弱かったので、丈夫になって欲しいとは思いましたが、自分が母に言われなかったからか、子どもたちに、「良い学校に行きなさい」とか「こういう仕事をしなさい」などということは、言ったことがありません。

美容院をしていらっしゃる方の中には、お子さんに後を継がせる方が結構いらっしゃるようですけれど、私は娘たちに美容師になってもらいたいなんて、考えたこともないのです。お客さまから、

「二人もお嬢さんがいらっしゃるのですから、美容院はお続けになりますのよね」

と言われたとき、一度もそんなことを考えたことがありませんでしたので、驚きました。どうして人さまが考えてくださるのに、私は思いもつかないのかなと、我ながら驚いたものです。

私には、子育ての方針など、な~んにもありません。言っていたことといえば、人に対する礼儀のこと、それから公私を混同しないことくらいだったでしょうか。

和子は小さいとき、しょっちゅう布団を敷いて寝ていましたので、美容院の若いお弟子さんたちがよくそばに行っては一緒に遊んでくれていました。でも、子どもはいつもそうしてもらっているうちに、それが当然だと思ってしまいます。ですか

ら「何かしてもらったときはありがとうって言わなきゃだめよ」「あの人たちは私の仕事のお手伝いをしてくれている人たちで、あなたの遊び相手じゃないのだからいいように使ってはだめよ」ということは、言って聞かせました。

あまりうるさいことを言わない代わり、私は普通のお母さんみたいに、「成人式だから、娘に着物を着せてやりたい」なんてことも、全然思ったことがないのですから、子どもたちにとっては、迷惑な母親だったのではないでしょうか。

けれど、お母さんというのはどんなお母さんでも、子どもにとっては大きな存在なのだと思います。

私はいわば成り行きで結婚し、十六歳で淳之介を生んで母親になったわけですが、子どもはそれほど好きではありませんでした。けれど、生まれたら責任もありますし、一所懸命、育てているうちに、日に日に愛情も大きくなっていきました。

最近、子どもを虐待したり、そうでなくても、そのときの感情で叱りつけたりするお母さんの話を聞きますが、私には信じられません。子どもとはいえ、相手も人間です。どんな小さな命も尊重し、大切にしてもらいたいものだと思います。

一緒にいる時間が少なくて、寂しかった子どもたち

ずっと美容師として働き続けてきた私ですが、三人の子どもたちは、普通のお母さんみたいに一緒にいてもらえなくて、随分寂しい思いもしたようです。

淳之介は私がエイスケさんを追って岡山から東京に出て来るとき、姑の言い付けに従って岡山に置いて来ました。まだ一歳にも満たない我が子と離れるのは、身を切られるような思いがしましたが、結局、私はその後、東京で山野千枝子先生のところに弟子入りし、何年も帰れませんでした。

彼も寂しい思いをしていたのでしょう、修業を終えて一旦岡山に帰ることになったとき、四歳だった淳之介は、

「ママが帰ってくるの？　この畳の上に？」

と言って、大喜びしたそうです。

美容師という仕事が好きで働いていたことには間違いはありませんが、一方では、稼ぎのないエイスケさんの代わりに家族を支え、彼が亡くなった後には、莫大な借金まで返さなければならず、働かざるを得ない事情もありました。

エイスケさんの急逝後は特に仕事が忙しく、子どもたちと一緒にいる時間が、あまりありませんでした。当時は私も必死で働いていましたし、彼らも、「仕事を辞めて欲しい」とか「一緒にいて欲しい」などとは、仮に思ったとしても言えなかったでしょう。ですから今頃になって、「構ってもらえなかった」などとブーブー言われます。

一時は市ケ谷だけでなく、銀座や岡山にも支店がありましたので、時々はそれらのお店の様子も見に行かなければなりません。まだ幼かった和子や理恵を姑に任せて、家を留守にすることもたびたびでした。

理恵は一歳になるかならないかの頃から、私を探してヨチヨチ歩きで家中を歩き回っていたそうですし、おとなしく待っていた和子も最近になって、

「子どもの頃、一緒に寝てもらえなかったから、寂しくてママの皮の手袋を握って寝た」

などと言っています。

彼らは当時、駄々をこねたり、泣いたり、わめいたりしませんでした。デパートの売場で、小さなお子さんが大泣きをして床に転がっているのを見掛けたことがありますが、私の子どもたちは、そんなこと一度もありませんでした。我慢していたのでしょうか。

五十年も経った今頃いろいろ聞きますと一層気の毒で、可哀想な幼い人たちだったな、何という母親だろうと思います。

何よりも心配だった子どもたちの病気

私の子どもたちは三人とも、子どもの頃、私にほったらかされていたと言うのですが、実際は、そんなことはありません。三人ともそれぞれに病気をして、それなりに手がかかりましたし、親としてはいつも気を揉んでいました。

和子は二歳頃からひどいぜんそくになり、しょっちゅう発作を起こしていました。当時は良い薬や治療法がなく、人にすすめられて京都の病院で喉を切る手術をしたこともあったのですが、退院したその日から発作が起こるようなあんばいで、ほとんど効果がありませんでした。

こういう仕事をしていますから、いろんな方に「これがいいわよ」「あれがいいわよ」と教えられ、すがるような気持ちで試したものです。

拝んであげるという方があればお願いしてみたり、この薬を飲ませれば必ず治ると言われて炭の粉のようなものを売りつけられたこともあります。また、家の東南にあるお豆腐屋さんのにがり水を飲ませると良いと聞いて、早速、お水をもらいに東南の方向にお豆腐屋さんを探しに行ったこともあります。とにかく元気になってもらいたい一心でしたが、どうやっても治らず、和子は本当に迷惑だったと思います。

学校に通い始めてからも相変わらずで、ちょっと体調が良いと思って外に出すと、門を出た途端に具合が悪くなって戻ってきます。そんな調子ですから学校も休みがちで、よく字が書けるなと思うくらいです。

高校に入った頃、美容院のお客さまから紹介していただいたお医者さまにお世話になり始めてから、随分、軽くなったのですが、あんなに体の弱かった和子が、女優なんて大変な仕事を、よくやっていると思います。

寝ていることの多かった和子に比べ、理恵はとっても明るくて、まるまると太っ

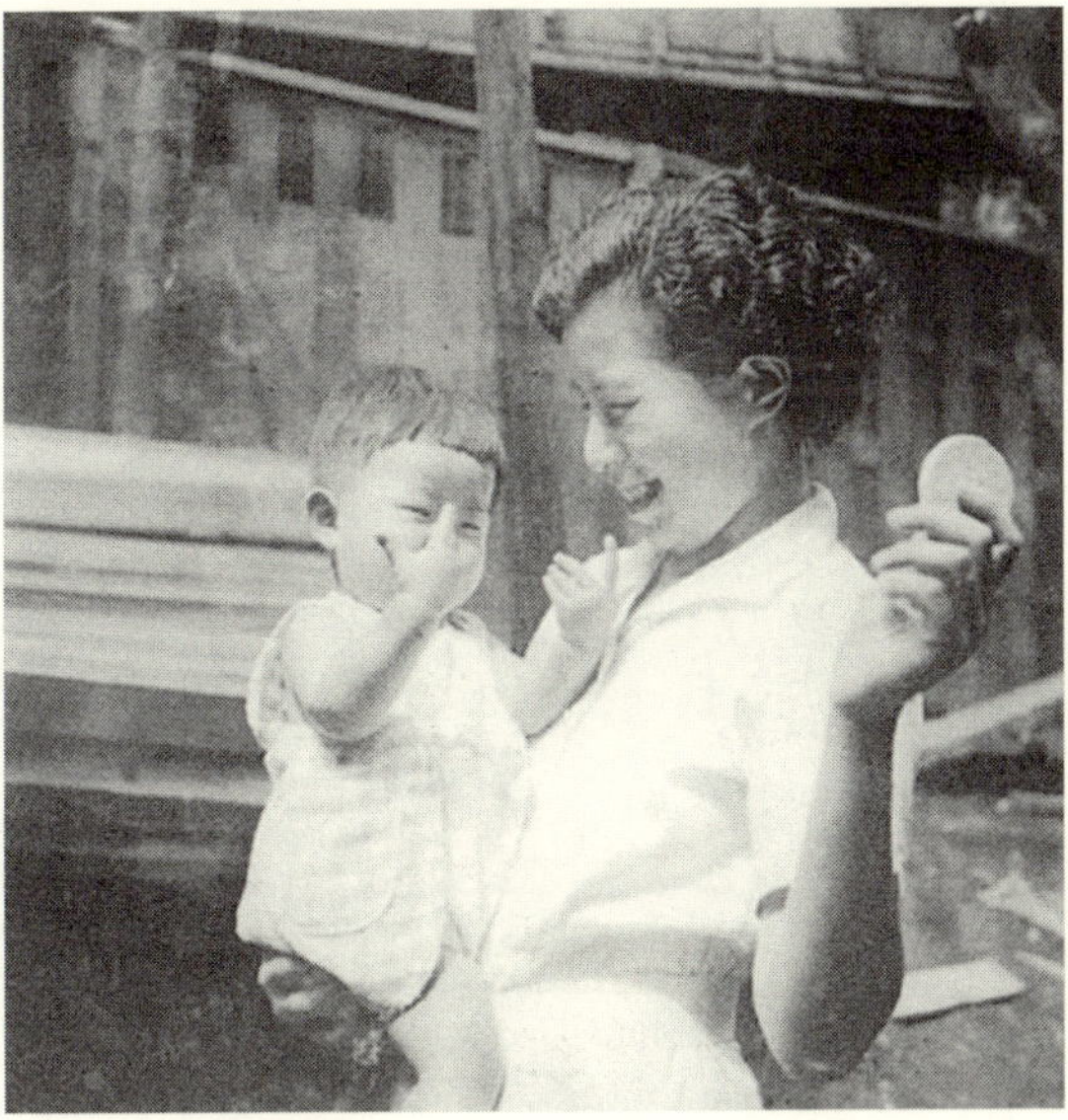

30歳頃、長女の和子を抱いて。
この頃から和子のぜんそくが始まった

た元気な子どもでした。

けれど、お腹が弱く、あちこちの病院に連れて行ってもなかなか原因が分からなかったのが、結局後になって、神経性のものだったことが分かりました。

活発だった理恵が、どうして今は家の中に閉じこもって、あまり外に出ようとしないのかと思うのですが、外見は活発で健康そうでも、神経が細やかなのは、昔から変わらないことなのでしょう。


淳之介は淳之介で、生まれて半年くらいで頭にたくさん湿疹ができ、それはそれは大変でした。

岡山では当時「くさ」と言っていましたが、要するに、アトピー性皮膚炎だったようです。痒いのでしょう、ワーワー泣いてはぐずるので、私は一晩中抱っこして、しょっちゅう徹夜をしていました。

少し大きくなってからは、一見元気そうにしておりましたが、中学に入った頃、一緒に暮らしていた姑は、

「淳之介はぐうたらで、シャンシャン動かない」

などと言っていました。今考えると、彼はその頃から体が丈夫ではなく、思うように動けなかったのではないかと思います。

中学四年のときには、お友だちと海に行って、皆さんは元気でお帰りになったのに、淳之介は腸チフスにかかってしまいました。飯田橋にある警察病院の隔離病棟に入院したのですが、本当に死ぬか生きるかという状態で、よくあのとき助かったなというくらい、危ない状態だったのです。

その入院中、エイスケさんが突然亡くなったのですから、私も本当に辛かったのです。

何しろ、片方は死にそうですし、片方は死んじゃったのですから。死にかけている淳之介に父親が亡くなったことを話せばどうなるか分かりませんから、結局、彼には、退院するまで隠し通しました。

苦しそうな和子を見ながら何もしてやれず、どうしても病気が治らないのなら、この子を殺して私も死のうと思ったことさえあったくらいです。親にとって、子どもの病気ほど心配なことはありません。

小遣いをあげることも知らなかった間抜けな母親

あるとき、ふとした昔話に二人の娘たちがこんなことを言いました。
「私たち、高校時代、お小遣いを頂いたことがなくて、お友だちはお小遣いでいろいろ買物をするのに、私たちはできなかったのよ」

つい最近のことです。私はもうびっくりしてしまいました。

毎月決まったお小遣いをあげるものだったのですね。その話を聞くまで、そんなこと、少しも気が付きませんでした。私が子どものときは、欲しい物があれば母が買ってくれましたので、そういう経験がなかったのですが、私が知らなかっただけで、当時でも友だちはお小遣いをもらっていたのでしょうか。

どうしてそのとき言わなかったのと問いましたら、

「ママが働いているのだから気の毒で……」

ですって。やっぱり私はどこか足りない人間で、母親失格だとつくづく思いました。

それにしても、玲子（和子には義妹、理恵には義姉になります）は、どうしていたのでしょう。今頃気が付くなんて、本当に気の毒なことでした。実の娘である和子や理恵が言えなかったのですから、玲子は義理の母親には、とても言えなかったでしょう。すまない気持ちでいっぱいです。

私は和子と理恵、玲子の三人を、公平に育てたつもりです。私の弟たち（彼女たちにとっては叔父）も何を分けるのにも、ちゃんと三等分して子どもたちに与えてくれました。でも、お小遣いの件を聞いては、玲子はどんな思いで私に接していたのでしょうか。何とも大変迂闊な母親です。

玲子には高校を卒業してしばらくした頃に、辻さんの姉（玲子には伯母）の知人からのご紹介で、お見合いのお話がありました。

玲子はちゃんと写真を撮りに行きました。普通こんなときにはお母さんが、

「さあ、写真屋さんへ行きましょう」

などと、お世話をなさるものなのでしょう。なのに私は、玲子は本当にしっかりしていると、ただただ感心していたのです。

何という間抜け。それも、今頃になって気が付くのですから、もう仕方のない人です。

三人の娘の中で、玲子だけはちゃんと良い結婚に恵まれました。良い家庭を築いて立派に生活をしていますので、本当に嬉しいことです。

子どもたちの職業も生き方も、予測不能

淳之介（注1）も理恵（注2）も、父親であるエイスケさんと同じく物を書くようになったわけですが、二人とも、別にエイスケさんの影響を受けたというわけではないと思います。そもそも私たち母子の手元には、エイスケさんの書いたものなどほとんどありませんでしたから、二人とも、文章を書くようになる以前に、エイスケさんの小説を読んだことはなかったのではないでしょうか。

かなり後になって淳之介は読んだらしいですが、

「もしおやじが生きていたら、僕は文筆業にはならなかった」

と言っていました。やはり父親と同じ職業に就くことは、抵抗があるのでしょうね。

私が鈍感だからかもしれませんが、子どもの頃の淳之介や理恵を振り返ってみても、彼らに物書きになる素養があったとは、全く思えません。

淳之介は高校に入ってから、お友だちに触発されて、いろいろな本を読むようになったようですが、それまでは「少年クラブ」を読んでいるくらいでしたから、決して文学的に早熟だったとはいえないでしょう。書くほうも、特別、学校で作文の成績が良かったという記憶もありません。

また理恵は、お友だちをいっぱい引き連れて、一日中、外で遊んでいるような子どもでした。食べるものがあまりないころに、家からいろいろなものを持ち出しては、みんなに配ったりしていましたから、この子は小学校の先生に向いているかなと思ったりしたものです。

そんな二人に比べ、和子は病弱で家にいることが多かったこともあり、物を書くのが好きな子でした。

あまり外に出られないので、ぜんそくに悪いとは知りながら猫を飼っていたのですが、それが可愛くて、可愛くて……。猫の詩をたくさん書いては、疎開先から私のところに送ってきました。空襲で全部焼けてしまったのですが、とても面白い詩

作家となった長男・淳之介とともに

だったので、ハンカチに包んでとっておいたくらいです。

ですから強いていえば、淳之介や理恵より、和子が物を書く人になってもよかったくらいだと思います。けれどそんな和子が今では女優になり、淳之介と理恵が物書きになり、理恵など今では、子どもの頃と打って変わって人と付き合おうとしないのですから、人間って分からないものです。

ただ、理恵については彼女が中学生のときの作文のひとつを、淳之介が保存しており、後になって私に見せてくれました。これは面白いと思って取っておいたと言うのには、驚きました。私は少しも知らなかったなんて、やっぱり母親失格です。

職業の内容はともかく、淳之介など一部ではエロ作家なんて言われることもあったのでしょうけれど、私の子どもたちは、三人とも根は真面目なのです。その点は、意固地で愚直な私に似たのだと思いますが、だからこそ、それぞれ一所懸命やって、なんとか仕事を続けているのではないでしょうか。

注1　大衆紙「モダン日本」の編集者を経て作家に。洗練された表現と実験的手法で人間意識の推移を追及し、〈第三の新人〉の代表作家として活躍。54年『驟雨』で芥川賞受賞。その他『砂の上の植物群』『暗室』など多くの作品を発表。

注2　詩人、小説家。繊細な筆致の文体に特徴がある。81年『小さな貴婦人』で芥川賞受賞。その他の作品に『井戸の星』『迷路の双子』などがある。

娘ということを忘れて観れる和子の演技

病弱だった和子は、子どもの頃、学校に行くことすら、めったにできませんでした。おまけに、どうしようもない恥ずかしがり屋で、たまに学校に行っても、学芸会のコーラスで、お友だちと一緒に舞台に上がるのが恥ずかしくて、逃げて帰って来るような子だったのです。

それが今では女優になって、テレビや舞台に出ているのですから、本当に人生なんて分からないものです。

和子が女優になったのは、劇団民芸の水品研究所の試験に合格したことがきっかけでした。

彼女は私と一緒に観に行った舞台をきっかけに演劇に興味をもち始め、高校の演劇部などでも活動してはいたようでしたが、試験を受けたのは、裏方の仕事でもできればといった思いからだったと、最近になって教えてくれました。

試験を受けるにあたって、事前に相談があったわけではありません。ある日突然、

「劇団の試験に受かったから行ってもいいでしょう」

と言うので、

「あらそう」

って。この子はそんなことを考えていたのかと思っただけでした。

けれど、いざ入団してみたら、帰りは遅いし、生活は不規則だし……。私には、劇団なんて全然分からない世界ですから、始めのうちは布団に入っても、彼女が家に帰って来るまで眠れなかったものです。

知らない世界といえば、業界用語というのでしょうか、いろいろな言葉を省略して言うのにも、最初のうちは戸惑いました。和子がテレビかラジオかに出始めたころ、彼女宛に電話が入ったことがありました。あいにく彼女は留守でしたので、伝言を頼まれたのですが、「サンスタ」がどうこう言われて、何のことだかさっぱり分

からず、困ってしまいました。今考えると、三番スタジオのことだったのですけれど。

和子がお芝居を始めてから、長い年月が過ぎました。

和子の芝居は、いつもだいたい二回ずつ観に行きます。この頃は時間があるので、本当は毎日でも行きたいくらいなのですが、和子に監視されていて、一人で外に出してもらえませんから、二回で我慢しているのです。それでも、彼女がここ十年、定期的にやっている独り芝居『MITSUKO』などは、もう十回以上は観たでしょうか。

同じお芝居を何回も観ていると、和子の感情表現にも変化が出てきて、とても面白いのです。民芸の初舞台のときは、「この人がやっていることは、なんだか学芸会みたい」と思ったものでしたが、最近は、娘だということを忘れてお芝居に入り込めますから、うまくなったのだと思います。まあ、長い間やっていますから、何十年かの間、彼女もいろいろな経験をし、たくさん勉強したのだと思います。

淳之介と理恵の小説は片っ端から読破

子どもの頃から本を読むのが好きで、読書は、今でも私の唯一の趣味です。とはいえ、私たちのときはほかにあまり娯楽がありませんでしたから、本が好きな方は多いと思いますし、趣味とは言えないかもしれません。私の娘時代は女芸一般として、お茶とかお花とか、そういうお稽古ごとをさせられたものです。ですから私の年代の人は、先生ができるくらい、そういうことをお勉強されている方が多いのです。私は吉行にお嫁に来てから、姑に習い事をいろいろやらされたのですが、どれもこれも嫌いで、真面目にやりませんでしたけれど。

子どもの頃は日本文学も読みましたが、少し大人になってからは、もっぱら外国もの。シャーロック・ホームズが登場するような探偵ものや、アガサ・クリスティの推理小説なども、とても面白く読んだのを覚えています。

最近になるまで、エイスケさんが書いたものは、ほとんど読んだことがありませんでしたが、淳之介や理恵の小説は、片っ端から読んでいます。

理恵はあまり自分から見せようとはしませんが、淳之介は、いつも本ができるたびに持って来てくれたものでした。それなのに私ときたら、

「ああ、どうもありがとう」

ってそれだけ。私のそっけなさに、彼はがっかりしたかもしれません。「装丁が良い」とか「面白そうね」などと言ってあげればよかったと、今になって思うのです。それでも淳之介のものは、いつもしっかり読みました。

あるとき、こんなことがありました。内田百閒さんのことを書くか調べるかしていた淳之介が電話をかけてきまして、岡山弁では云々と、百閒さんのことを尋ねます。偶然、私が百閒さんの本を読んでいたので、

「○○頁にあるわよ」

と言ったら、

雑誌や小説などを読むのが日課
旅先にも本を持参する

「助かったー」

って。私はとにかくほかに趣味がなくて、若い頃から本ばかり読んでいましたし、淳之介は岡山弁はおふくろに、と思ったのでしょう。

でも大抵の場合、私の読書は、ただただ読んでいるだけ。しっかり読みはするのですが、すぐに忘れてしまうのです。

特に最近は、朝、新聞のコラムなんかを一所懸命、面白いとか何とかいろいろ考えながら読むのに、その新聞を理恵の部屋に入れてやった途端、「あれ？　何が書いてあったんだっけ」と、全部忘れてしまうのです。こんな読み方でも、読む意味ってあるのでしょうか。

先日も雑誌「文学界」に、菊池寛の『真珠婦人』について、作家の河野多恵子さんが随分たくさん書いていらっしゃいました。私なんか、昔読んだのに、内容も何も全然覚えていないのですから、がっかりしてしまいます。

「もういい加減にやめたらどうですか」という息子の忠告を無視して働き続ける

美容師さんの中には、お店を大きく盛大にしていらしたり、有名人ですと、ご自分でお客さまをお手掛けにならない方も多いようですが、私はよっぽどこの仕事が好きなのでしょう、ずーっと自分でやってきました。ある人に、

「あなたは職人ですね」

と言われたことがありましたが、自分でもすっかり納得した次第です。

今から二十年以上も前、美容院のあった場所にビル建設のお話があり、美容院をビルのテナントのひとつとして、今のような形にしました。私が七十四歳のときのことです。

そのときは淳之介に、

「もういい加減にやめたらどうですか。小遣いぐらい僕があげますよ」

と言われましたが、彼は彼でいろいろ大変ですし、私は結婚してからというもの、男の人からお小遣いなんて、もらったことがないのです。とてもごめんだと思いました。それからは、淳之介も諦めたようでした。

それまではお弟子さんたちもいたのですが、長年、シャンプーからカット、パーマ、セットまで、すべてひとりでやりたいと思っていた私は、再建を機に、美容院をひとりでやっていくことにしました。

お客さまは昔からの馴染みの方だけ。最初は四十人ほどでしたが、お亡くなりになったり、お年を召して遠出できなくなられたりで、今ではとうとう七人。完全予約制です。

もちろん、お金をいただいて御髪をいじらせていただいているのですが、月に七、八回の営業ですから、入ってくるお金より、お店の管理費や電気代、ガス代など、出ていくお金のほうが多いのが現実です。

こんな状態で「現役」などと言われても、恥ずかしいばかりなのですが、それでもお店を閉めないのは、ただただ美容の仕事が好きだから。今でも美容院にいるときが、一番シャキッとしています。それにいらしてくださる方がありますので、閉めるわけにはいきません。

きっと不況の影響なのでしょう、最近はどこの美容院もあまり忙しくないと聞きますし、少ないながらも、この年まで仕事ができて、本当にありがたい限りです。とにかく一人でもいらしてくださるお客さまがあるうちは、続けていきたいと思っています。

悲しみが消えることのない淳之介の死

淳之介は生涯を通して、あまり体が丈夫ではありませんでしたから、本当に気の毒な人でした。

離れて暮らすようになってからも、心配ですからたまに電話をかけるのですが、物書きですから、いつ仕事をしているか分かりません。邪魔をしてはいけないと、とても気を遣ってかけていました。

「体はどう?」

と聞くと、いつでも、

「まあまあです」

って。きっと、私に心配をかけたくないと思っていたのでしょう。

亡くなる前は、しょっちゅう入退院を繰り返していました。

肝臓がんだったのですが、私がお見舞いに行くときはわりに調子の良いときだったのか、ちゃんと話もしてくれましたし、部屋の外まで見送りに出て来たりしていましたから、がんだなんて全く気が付きませんでした。

淳之介が、

「肝臓にこんな塊があって、それを潰して治しているんだよ」

と言うものですから、私も「そうかー。それが潰れれば治るんだな」などと思っていたのです。

それにしたって、普通の人ならすぐに気が付くと思います。皆さん、がんでなくてもがんじゃないかと疑うのに、私はいつでものんきなのです。

私は人が死ぬのではないかと想像したり、死について深く考えたりすることがありません。ですからいつでも、周りの人に死なれてから、後悔することがいっぱいあります。

淳之介が亡くなったのは、平成六年の七月、とても暑い日でした。病院から電話があり、慌てて駆けつけたときには、もう危篤状態でした。エイスケさんが亡くなったときもショックではありましたが、淳之介のときとは、比べものになりません。淳之介のことは、亡くなって九年も経つのに、今でも悲しいのです。

人に死に別れるということは、いつでも大変なことですが、それが自分の子どもとなると、一層つらいものなのだと思います。私が女学校に入った年、父と二人の姉がスペイン風邪で一度に亡くなったときも、随分悲しい思いをしましたが、あのときとは違って、こちらも年をとってきますから、人の死がこたえるところがあるのかもしれません。

淳之介の命日に、特別何かするということはありません。けれど、亡くなってからというもの、毎日毎日、体に良いというお水と健康茶を沸かして、

「そのうち行きますからね、待ってなさい」

と、小さなタンスの上に飾ってある淳之介の写真に供えてやっています。今年でもう九年、一日も欠かさずやっていますから、そろそろ彼も健康になっているのではないでしょうか。

今でもときどき、淳之介が生きていたらなーと思うこともあります。けれど、物書きというのは、ただでさえ大変な仕事です。それをあの体でやるというのも大変なことですし、あのときいなくなったのも、彼にとっては良かったのかもしれないと、今では思ってあげることにしています。

同じマンションだけど三人とも別の部屋。母と娘のほど良い距離感

今、私は二人の娘と同じマンションに住んでいます。

同じマンションといっても、部屋は別々。私は四階、私の部屋の斜め向いに理恵、九階に和子の部屋があります。

年中忙しい和子は帰りが遅く、理恵はほとんど一日中、原稿用紙とにらめっこ。その上、理恵は、ちょっと何か言ってもすごく深刻に考えてしまいますから、こちらもそれなりに気を遣います。だって、私だったら一分くらいで済むことを、十時間くらい考えてしまうのですから。そういう人だからこそ文章が書けるのでしょうが、彼女としては、なかなか思うように書けないようで、いつも大変そうにしています。

そんな娘たちですから、親子とはいえ、いつも一緒に住んでいたら、お互いにやりきれないのではないでしょうか。かといって離れていては、なかなか会えません。行き来しようと思えばすぐにできるので、一番快適な距離だと思っています。

理恵は買い物をしてきてくれたり、夕食を作ってくれますし、和子とも、ときどき食事を一緒にしたりします。そんなとき彼女たちは、「あれしちゃだめ」「これしちゃだめ」と、これがなかなかうるさいのです。きっと私のことを心配してのことなのでしょうけど、なんだか、お母さんが二人いるみたい。

一方、私は、彼女たちの生活には、あまり口を出さないようにしています。

彼女たちが子どもの頃、私がきちんとしつけなかったからなのでしょう、二人の娘はいつも部屋を汚くしているので、以前は、出掛けているスキにターッと片付けていました。けれどそうすると、彼女たちはものすごく嫌がるのです。こっちは、ちゃんとしてあげてよかったと思うのですが、ああ、しちゃいけないんだなって。

最近はそれぞれの性格によって、ここは手を出すところ、出さないところというのを考えるようになりました。私もここまでなるのに、随分、子どもたちに飼育されたものです。

よそのお母さんとお子さんは、手をつないでお歩きになったりするみたいですが、私の家族はきょうだいでも親子でも、そんな経験がありません。

淳之介との関係だって、同じです。普通では考えられないでしょうが、彼が生きているときだって、同じ東京に住んでいても、何年も顔を見ないことがありました。

きっと私の子どもたちは、ベタベタするようなお母さんだったら、とっくに私の近くにはいないと思います。何しろうちは、みんなマイペースで、それぞれ好き勝手なことをしているのです。家族全員がB型なのですが、B型って、そういう特徴があるのでしょうか。

先日、映画監督の新藤兼人監督にお会いしましたら、

「あなたのお子さん方は、皆さん良いお子さんたちですね」

とおっしゃるので、

「私には過ぎた子どもたちでございます」

と言っておきました。

二人の娘はバツイチと独身。結婚はするもしないも本人次第

美容院のお客さまがかつて、こんなことを教えてくださったことがありました。

「娘さんが十七歳になったらお見合い写真を撮って、『良い人がいたら紹介してください』とお願いするのですよ」

けれど私は二人も娘がいるにも関わらず、体が弱い和子がどうやったら食べていけるか、理恵はどんな職業をもつのかしらといったことは考えたものの、お見合いをさせることなど、思いつきもしませんでした。

幼稚園や小学校に通っているような小さなお嬢ちゃんでも、花嫁さんに憧れたりするのに、早くに結婚させられたからでしょうか、私は一度もそういう思いを抱いたことがありません。

女学校のときも友だちなどは「あの人が素敵」などと、いろいろ言っていましたが、私が素敵だなと思っていたのは、パリパリして授業の面白い、国語の女の先生でした。

自分が結婚したいと思ったこともないうちに結婚させられたので、娘たちの結婚についてもあまり考えなかったともいえますが、やっぱり私は、母親失格なのでしょう。

和子は二十代の終わりに結婚しましたが、相談も何もありませんでした。

ある日突然、

「結婚します」

と言うので、ああそうかーと思っただけ。結婚式も劇団の皆さんがしてくださったのです。

相手の方はとても良い方でしたが、和子とその方とは、四年の結婚生活でした。さすがに離婚するときは、彼女もだいぶ悩んでいたようでしたが、私は相談を受けるというよりは、様子を見守っていただけ。私にはどうしようもありませんし、心配するというよりは、しょうがないという思いでした。

私の場合は、いろいろあっても離婚しませんでしたが、それは、あれこれ考えた結果ではありません。とにかく一家を背負っていましたから、離婚など、考える暇もなかっただけのことだったような気がします。

一緒に住んでみないと分からないことも多いと思いますし、和子の場合は、相手の方もその後、幸せになられているそうなので、結果的には離婚して賢明だったのではないでしょうか。

賢いお母さまならお子さんをきちんと指導して、良い方向に誘導なさるのでしょうけど、私にはとてもとても。それに私の子どもたちは、指図されるのが大嫌いなのです。

結婚するもしないも彼女たちの考えですし、私が何か言ったところで、結局は、自分が好きな道を選ぶでしょう。

八十歳で始めた料理をときどき和子にふるまって

私は人間が頑なというか、融通が利かないというか、とにかくお客さまをお待たせすることができません。

美容院が忙しかった頃は、食事中でもお客さまがいらしたと聞くと、食べ物を掻き込んで飛び出て行ったりするので、あるとき淳之介に、そのときテレビでやっていた相撲を指して、

「お待たせしたって三分もかからないんですよ。この取組を見てから行きなさい」

と言われました。確かにそうだとは思うのですが、もうお尻がムズムズして、どうにもダメなのです。

その頃は、三食まともに食べないどころか、一度お店に出ると、トイレにも何時

間も行けないような毎日でした。当時は過労死などという言葉はありませんでしたが、きっとそうなってもおかしくない状態だったと思います。この頃は動き過ぎるということもありませんし、食事も一日三回きちんととっていますので、九十歳を過ぎた今のほうが健康なのは、当然かもしれません。

朝は果物だけ、昼はパンやうどん、夜は理恵が作ってくれたものを食べますが、特に体に良い食生活を心掛けているということはありません。野菜をたくさん食べるように、気を付けているくらいでしょうか。

ただ、子どもの頃から、好き嫌いだけは全然ありませんでした。それに、年をとるとお肉や脂っこいものが嫌いになる方もいらっしゃるようですが、私はよっぽどお腹が丈夫なのか、そんなことも全くないのです。でも、年寄りの体を思ってのことでしょう、理恵が作ってくれる夕食は、お魚が多いようです。

普段は一人の食事ですが、たまに和子に時間があるときは、一緒に食べることもあります。

そういうときは、私も一品、二品、料理を作ります。以前は家のことはほかの人に任せっきりでしたが、仕事があまり忙しくなくなった頃から、自分でも料理をやるようになりました。

新聞に載っているレシピを切り抜いて、作ってみたりしてはいるものの、何しろ始めたのが八十歳くらいのことですから、そんなに上手なわけはありません。でも、和子は煮えていたり焼けていたりすればいいみたいで、黙って食べてくれています。ずっとお勝手仕事をしたことがありませんでしたけれど、やってみると楽しいものです。

ただ、やっぱりほかのことが忙しいと、ダメなのではないでしょうか。山野千枝子先生のところで、最初は一番下っ端ですから、先輩の方たちのお弁当を作ったり、お勝手仕事もしなければならなかったのですが、美容師の修業をしながらお勝手をするというのは、本当に大変なことでしたから。ですから自分がお店をもったときは、美容師を志す方とは別の方に、お勝手をお願いしていました。

中には料理なんて、てんで嫌いな人もいますよね。和子など、電子レンジに卵を入れて爆発させたり、お湯のみにお茶っ葉と水を入れてチンして飲んだりしているらしいですから、よっぽど嫌いなのでしょう。

食事や映画、和子のエスコートで楽しいお出掛け

元気でどこも悪くないとはいえ、さすがに私も年ですから、最近、和子は私のことが心配らしくて、自分が一緒でなければ、なかなか外に出してくれません。理恵はたびたび、「転ばないように」とか「大丈夫?」などと言います。二人とも、老いた親のことがとても心配らしいです。

和子は時間があるときは、ときどき、食事や映画に連れて行ってくれます。けれど彼女の場合いつだって、「どこに行きたい?」なんて相談はありません。

「○月○日、○時に迎えに行きますから、用意しておいてちょうだい」

って。私はどこに行くのかも分からないまま、引っ張って行かれるのです。

よく食事に行くのは、近くて便利なホテルのレストラン。ときどき、ホテルの中

で絵の展覧会などもやっていますから、食事のついでに見たりして、うろうろするのも楽しみです。

理恵も一緒に行けばいいのにと思うのですが、彼女は絶対に行きません。和子は顔が知られていますから、一緒に歩くと人が見ます。それが、理恵にとっては耐えられないみたい。私はもう馴れちゃいましたけど、理恵はとにかく人間嫌いで、ただでさえ外に出るのが嫌な人ですから、よっぽどつらいのでしょう。

映画は、このところ、しばらく行っていません。和子が忙しいこともありますが、私を連れて行ってくれるのは彼女のお眼鏡に適ったものだけなので、ここしばらくは、私に観せるような映画はないのだそうです。

私がまだ独り歩きできていた頃のことです。大々的に宣伝されている映画を、

「面白そうだから観に行こうかなー」

と言うと、

「やめときなさい。あんなのつまらないわよ」

と言われてしまうので、おかげで見損なった作品がたくさんあります。けれど和子は私の好みをよく知っていますし、あんまり新しいものは、私なんかが観ても分

からないのかもしれません。

若い頃は外国映画を片っ端から観ていましたが、どれも印象深いものばかりです。グレタ・ガルボやクララ・ボー、リリアン・ギッシュなど、女優さんたちのヘアースタイルも素敵でした。中でも私が一番好きだったのは、知的でクールな、キャサリン・ヘップバーン。周りの人たちは、エリザベス・テイラーを「素敵、素敵」と言っていましたが、私はあまりあの人の映画は観たことがありません。いわゆる美人女優さんには、なぜかそれほど惹かれないのです。

とにかく私の若い頃は、スターのたくさんいた時代でした。今は女優さんの数も増えたからでしょうか、どんどん新しい人が出てきているのでしょうけれど、何しろ私が映画館に足を運んでいた頃は、テレビのなかった時代なのですから、近頃の人たちのことは分かりません。

美容師だって昔は、本当に数えるほどしかいませんでした。美容院も、最近は多くなりました。続けていくのが大変だと聞きますが、今はあまり苦労しないで世の中に出て行く人が多いですから、ポッと出て、パッと消えてしまうのかもしれません。

九十一歳からの海外旅行。次はぜひヨーロッパの田舎を旅してみたい

九十を過ぎてから、だいたい年に一回ずつ、海外旅行に行っています。

戦後まもない頃、五十代のときに、一度、アメリカに行ったことがありました。生産性本部の主催で、さまざまな分野の女性企業家たちと一緒に、視察に行ったのです。けれどそのときは嫌々でしたから、自分から進んで海外へ行ったのは、九十一歳のときのメキシコが初めてです。

なぜ九十も過ぎてからと思われるかもしれませんが、それまでは仕事が忙しく、海外どころか国内だって、あまり旅行したことがありませんでした。そのうちに日本は戦争を始めました。戦後五十数年も経っていますのに、戦時中、戦後の苦難の日々は忘れられません。旅行など思いもよらぬことでした。

九十歳を過ぎてお客さまも減り、時間的にも精神的にも余裕が出てきたことと、海外を見たいという気持ちが湧いてきたので、和子の旅行についていくことにしたのです。

その後、ネパール、中国、イタリアなどに行き、今年平成十五年の三月には、和子や和子のお友だちと、台湾にも行ってきました。


旅に行くときに荷物の多い方がいらっしゃいますが、私の場合は、正反対。下着や着替えだけ用意して、和子のトランクに入れてもらいますから、身軽なものです。和子には申し訳ないですが、後は旅慣れている彼女に任せておけば、どうにかなるだろうと思っています。

一応、旅先で困らないようにと、事前に本を買って言葉を勉強して行ったりするのですが、どうもあんまり役に立たないみたい。結局は挨拶と、「ありがとう」くらいしか使わずに帰ってきちゃいます。

今一番旅してみたいのは、ヨーロッパの田舎町。南フランスなんて、すごく素敵だと聞きますから、ぜひ行ってみたいものです。以前に行ったイタリアには素敵な建物がたくさんあって、石造りの建物なんか、立派で荘厳で、歴史の重みを感じて圧倒されてしまいました。

けれど、ヨーロッパは遠いですから、なかなか行くことができません。和子のお休みがそんなにとれないので、ちょっと難しいのです。

私は人が大勢いるところには、あまり行きたいと思いません。だから旅行に行っても、いわゆる観光地や有名店には、あまり興味がないのです。古い建物の扉に穴が開いているのを「何だろうなー」と思って、飽きずに眺めたりしています。

さらに私の場合、旅先でこんなものが食べてみたいとも思いません。だって日本には、大抵の国の食べものがあるでしょう。いまだかつて、海外に行って、食べもので不便を感じたことがありません。海外に行くときには、梅干だとか、海苔だとか、そういうものを必ず持って行かれる方もいらっしゃるようですが（実際、メキシコに行ったときは、和子は私のために梅干を持参してくれましたのに、そのまま手つかずで持ち帰りました）、私は旅先で、特別、日本食が食べたいと思ったことがないのです。

皆さんが「あれは嫌」だとか、「これじゃなければダメ」と、そういうことを言え

91歳で訪れたメキシコ（1998年）

メキシコのユカタンで民族衣装の人々と

るのは、自分をもっていらっしゃる証拠だと思います。私は良く言えば順応性があるのでしょうけれど、きっと単細胞なのです。

いろいろな国を訪ねるのは楽しいですが、外国に住みたいとは思いません。早くから外国に住んでいらっしゃる方は、勇気がおありになるし、いいなーとは思うのですが、私の住むのはこれからもここ、市ケ谷かなぁと思います。ずーっとここにいますから、いつの間にか離れ難い土地になってしまいました。

ネパールでは象の背中にも乗った（1999年）

イタリアのアッシジ（2002年）

香港のお寺にて

七十八年の美容師歴
生まれ変わっても
また美容師になりたい！

私の美容師人生を決定づけた師匠・山野千枝子先生

淳之介を産んだ後、エイスケさんの後を追って岡山から上京した私は、新聞の求人広告で、洋髪の先駆者である山野千枝子先生がお弟子さんを募集しているのを知り、「これだ！」と思いました。

以前から仕事をもちたいと思っていたというわけではありませんし、高い意識があったわけでもありません。色は黒いし、髪は多くてどうしようもないしで、自分の容姿にほとほと手を焼いていましたから、こういうところで勉強させていただけば、ちょっとはましな女になれるのではないかと思ったのです。

山野先生は、写真結婚でアメリカに渡り、あちらで学ばれた美容技術を持ち帰って、東京駅正面の丸ビルに、初めて「美容院」という名称で洋髪専門のお店を開い

た方です。たまたま上京していた姑に話したところ、

「行くだけ行って、様子を聞いてみましょう」

ということになり、その丸ビルにある美容院に、山野先生を訪ねました。

お忙しかったのでしょう、しばらく待たされた後、現われた山野先生は、田舎から出てきたばかりの私には、目が覚めるような華やかな方でした。まだほとんどの人が着物を着ている時代でしたのに、素敵なお洋服を着こなして颯爽としていらっしゃいました。

後に弟子になり先生の後ろをついて歩くようになったときは、大きな羽根のついた帽子をかぶった派手な出で立ちの先生と歩くと注目を集めるので、恥ずかしかったくらいです。

とにかく姑は「話を聞くだけ」のつもりが、すっかりやる気になった私は、山野先生に弟子入りしたのです。

山野先生の弟子になったといっても、私は先生がお仕事をなさったところを、拝見したことがありません。美容院にはいつもいらしていましたが、身支度を整えて、

すぐに出て行ってしまいます。私が弟子入りしたときには、先生のお友だちだという三人の方が先生から技術を修得し、お店を仕切っていらっしゃいましたので、山野先生は新聞や雑誌の取材を受けたり、社交をするのがお仕事のようになっていました。

今考えてみると山野先生という人は、美容師というより、実業家の才能がおありだったのかもしれません。日本で初めてマネキン事業を始められたり日本製のパーマネントの機械を開発したりと、非常に先見の明がおありでした。

私など、九十六歳になった今でも、自分で美容の仕事をしていますが、お店が大きくなったり、有名になると、お客さまをご自分ではお手掛けにならない方のほうが多いようですね。

私が若い頃にも、女学校の先生をなさっていた方が三越に美容院を経営していらしたり、虎ノ門には、代議士の奥さまがもっていらっしゃる美容院があったりしましたから、そういう方は、きっと最初から経営だけなさっていたのでしょう。

九十六年も生きてきましたから、たくさんの人との出会いと別れがありました。

その中で、影響を受けた人といえば、やっぱり山野千枝子先生をあげずにはいられません。

山野先生は私とは性格がまるで正反対の方でしたが、だからこそ強烈な印象を受けて、たくさん吸収することがあったのではないかと思います。先生との出会いがなければ、美容師になっていなかったかもしれませんし、私の人生も、今とは大きく違っていたのではないでしょうか。

「不器用」だったからこそ、一所懸命やりました

私が美容師を志して山野千枝子先生のところに弟子入りしたのは、十八歳のとき。今年で九十六歳になりますから、もう八十年近くも、美容師の仕事を続けていることになります。こんなにも長い間、続けてこられたのは、結局、この仕事が根っから好きだったからとしかいいようがありません。

本当は私、すごく手先が不器用なのです。小学校から女学校までずっと一緒だった友だちは、私が美容師になったと言ったら、

「あなたよく美容師になったわねぇ。あなたの鉛筆の削り方はひどかったわよ」

とびっくりしていました。

昔ですからナイフで鉛筆を削るのですが、皆さんの筆箱にはきれいに削った鉛筆

がサーッと並んでいるのに、私のはクチャクチャ。自分では言われるまであんまり意識したことはなかったのですが、言われてみたらそうだったたなぁって。
私と同じ時期に山野先生の弟子になった人がほかにも二人いたのですが、お二人はとても器用で、何でもすぐにおできになるのに、私はその方たちの三倍くらい勉強しないとできない。だから、たくさん勉強しました。「好きこそものの上手なれ」といいますが、私の場合は好きなのに苦心惨憺。学校のお勉強はあんまりしませんでしたが、美容の勉強は好きだから一所懸命やったし、身に付いたのだと思います。

その後、舅からの援助やエイスケさんの働きかけで何とか自分の美容院をもって、ひたすら一所懸命やってきましたが、一度だけ、仕事を辞めたいと思ったことがあります。戦争で失った美容院を、昭和二十七年にやっと再建したのですが、そうしたらお客さまが大勢いらしてくださって、もう忙しくて忙しくて……。昭和二十年の終戦直後から営業していた美容院は、もっともっと忙しくて大変だったみたいですから、きっと皆さん、戦争の時代を抜けて、おしゃれすることに飢えていた時代だったのでしょう。

とにかく目が回るような忙しさで、「こんなに忙しいのなら、私が美容院に行く人になりたい！」と叫びたくなりました。でも次の瞬間には次から次からいらっしゃるお客さまをお待たせするのが心苦しくて、辞めたいと思ったことなどすっかり忘れて、必死で働いているのですから、瞬間湯沸器みたいなものです。

普通は皆さん、小さな美容院をお始めになって、だんだんに大きくされるのに、私の場合は最初っから最後まで同じ。それでも戦前は、人にすすめられて市ケ谷のほか、郷里である岡山の百貨店と、銀座の伊東屋の上に合計三軒の美容院を経営して、それなりに成功してはいたのですが、ひとりの人間がそんなに方々で、きちんとした仕事ができるわけがありません。やるからにはちゃんとやらなければ気が済まない性質なので、中途半端に人に任せるのが嫌でした。

私はやり始めると、バカのひとつ覚えみたいに、ひとつのことしかできません。おまけに手が抜けない人間なのです。でも、ここまで長い間続いたのは、器用じゃなかったからじゃないでしょうか。きっと何でも簡単にできれば「ああ、こんなものか」って、美容師をやるよりは、とっくに自分がおしゃれするほうに転化していたと思います。

モダンな造りの「山ノ手美容院」の前でお弟子さんたちと

相撲の修業、美容の修業、大変なのはどんな世界も同じこと

普段、テレビはあまり見ない私ですが、お相撲はときどき見ます。四十八手なんて全然知らないですし、特別ひいきにしている力士がいるわけではないのですが、どっちが勝つかなーと、ただただ見ているのです。

でもこの頃は、外国の方ばかりが活躍していますから、そのうち相撲界には、日本人がいなくなってしまうんじゃないか、大丈夫かなと思って、心配しています。外国の方が増えるのはいいですが、一応、国技ですから、日本人にも強い方がいて欲しいものです。

きっと、今の日本の若者は、もうハングリーじゃないのでしょう。お相撲の修業は大変らしいですから、入っていこうという人が、少ないのかもしれません。

修業の大変さといえば、美容の世界だって同じです。

今は髪だけ、肌だけ、マニキュアだけといったふうに、専門が分かれているようですが、私が勉強をしていました頃は、頭のてっぺんから足の先まで全部修得しなければなりませんでしたから、それはそれは大変でした。

美容院の営業時間である朝九時から夕方六時まではお店に出て、それから中野にあった山野千枝子先生のお宅に帰宅。その後からがお稽古の時間です。お弟子さん同士で、夜遅くまで練習し合いました。

パーマネントだってまだ入ってきていなかったわけですから、簡単な道具で髪を形良く仕上げなければなりません。コテでウェーブをつけたり、フィンガーウェーブといって、濡れた髪を指で挟みながらドライヤーで乾かしてウェーブをつけたり、リボンを使ってカールを付けるリボンカール、それから櫛を当てながらウェーブを付けるコムウェーブなど、いろいろな技術がありました。今はパーマ液や道具も良くなって、何でも随分、簡単になりましたが、修業が大変なのは同じだと思います。本気で技術を身につけて、続けようと思ったら、どんな仕事だって大変です。

お弟子さんたちには基本と礼儀だけはきっちり勉強してもらいました

昭和四年、最初に美容院を始めたときに一緒に働いてくれた人たちは、皆さん長い間勤めてくださいました。

当時は今のように美容学校などありませんでしたから、お弟子さんたちには、仕事をしながら、美容技術から礼儀作法まで、きっちりとお勉強してもらったものです。

今は男性の美容師さんも多くなりましたが、その頃は働いている人もお客さまも女性ばかりでしたから、特に礼儀作法には細かく気を遣っていたこともあってか、ある人に、私のところで勉強した人は無条件でどこへでも就職できると言われて、とても嬉しかったです。

昭和27年に再開した美容院の前で。再開に際して「山ノ手美容院」から「吉行あぐり美容室」に名前を変えた

一番長くいたお弟子さんは、十六年。その人は三十歳を過ぎてもお嫁に行っていなかったので、「この人をどうしても結婚させなければ」と、いいお婿さんを見つけて、うちからお嫁に出しました。その後、独立して美容院をやられていますが、今でもお付き合いがあります。

その人だけでなく、戦前のお弟子さんたちは皆、十年とか七、八年とか、長い期間働いてくれましたが、戦後はもうだめ。四年もいれば長いほうです。

戦後のことです。あるとき若い弟子に、

「先生は雲の上の方ですから」

と言われたのですが、私はみんなと一緒に働いてるつもりでしたから、びっくりしました。私とお弟子さんたちとの年齢が離れ過ぎていたのも一因かと思いますが、

「先生のお仕事は古典的だ」

なんて言われて……もっと新しいことを教えてくれる人がいるんじゃないかと、物足りなく思うのかもしれません。

その頃の若い人たちには気の毒でしたが、流行は変わっても、基本は変わらない

ものです。この間も、美容師組合の組合費を集金にいらした美容師さんが、私がお客さまのカットをしている間、待っていらしたのですが、

「先生のカットは今の流行りですね」

って。でも、私は八十年も前からそのカットをしているのですから、流行っているも何もありません。

新しいもの、新しいものを求めても、結局は基本が大切だと思います。今の若い方たちは、すぐに結果や形を求めてしまうようですが、基本をしっかりと勉強しておけば、どんなことでもできると、私は思っています。

ヘアースタイルは流行よりも似合うのが一番

考えてみれば、私が美容師になった当時は、洋服を着ている人も少なかった時代。洋髪にしている人といえば、カフェーの女給さんか、ごく一部の新しいもの好きの人だけでした。それも、コテでウェーブを付けて、まとめるのが主流。カットをなさる方はあまりおらず、山野千枝子先生でさえ、

「日本人には、長くてきれいな髪が一番似合うのよ」

とおっしゃっていたくらいなのです。


髪型にもそのときどきの流行がありますが、私は、皆さんが一斉に同じ髪型にするのはどうかと思います。ヘアースタイルというのは、その方に一番お似合いにな

らなければだめだと思うのです。

髪型は、絵にたとえれば額縁みたいなもの。絵は額縁によって、随分感じが違います。白髪だって、早くから真っ白になる方もあれば、九十歳を過ぎても黒い方もあります。ですから私は、いつもその方その方にお似合いになる髪型をと、心掛けているのです。ただ、中には、分け目が髪の毛一本でも違うと嫌な方もいらっしゃいますから、最終的には、できるだけお客さまの満足のいくようにして差し上げるのが、私の仕事だと思っています。

自分の髪は、今でもカットもパーマも、自分でやっています。私の髪は、若いころは黒くて量も多く、本当に手に負えなかったのですが、最近はすっかり細く柔らかくなって、扱いやすくなりました。

誰でも年をとると、髪の毛が細くなってきます。髪がペタンとしていると年より老けて見えますから、パーマをかけて、少しボリュームを出したほうが、若々しくなると思います。

髪の健康を保つには、自分に合ったシャンプーを選ぶことが大切。そして、洗髪の前に油を髪の根元にすり込んで、しばらく置いた後に洗うようにすると、随分違います。油は、昔から使われている椿油のほかにも、ビタミンなどの栄養剤が入っているオイルなど、今はいろいろなものが売られています。

私が子どもの頃、二人の姉や母は、椿油のしぼりかすや卵の黄身で髪を洗って、とても大切にしていました。けれど、どこのお家でもそんなことをなさっていたのでしょうか。母はとてもユニークな人でしたし、私が姉たちを眺めていたのはちょうど彼女たちが結婚適齢期の頃でしたから、精一杯おしゃれしていたのかもしれません。私はといえば、髪を洗うのも嫌なくらいで、そんなめんどうなことはやりませんでした。

聞き上手だけどお世辞下手。美容師とお客さまにもある相性

自分ではよく分かりませんが、私は結構、聞き上手らしいのです。少なくとも人さまの噂話をしたりはしませんから、お客さまも、「ここで話しても、どこへももれないから」と、いろいろなお話をしてくださいます。

私はお話をうかがっても、それをまた別の人に話そうという気がないのです。けれど別に心掛けているわけではありませんから、きっと性格なのでしょうし、育った家庭環境なのでしょう。

その代わり、私はお客さまのお洋服を褒めたり、お世辞を言ったりすることができません。それどころか最初のうちは、「いらっしゃいませ」「ありがとうございま

した」さえ、なかなか言えなかったほどです。さすがに何十年もこの仕事をしているうちに、それくらいはちゃんと言えるようになりましたけれど。

それに私は、どんなに長年いらしてくださるお客さまでも、きっちりと一線を引いて、お付き合いをします。美容師さんの中には、お客さまに、お友だちのようにお接しになる方もいらっしゃるようですね。そのほうが親しみがあっていいのかもしれないですが、私にはどうしてもできません。私にとってお客さまは、「奥さま」「お嬢さま」なのです。

私のような美容師は、全く受け入れてくださらない方もいらっしゃると思います。きれいなお召し物を着ていらしても、素敵だなぁとは思いますけれど、なーんにも言わないのですから。

けれど、美容師とお客さまの間にも、相性ってあるのではないでしょうか。ありがたいことに中には、

「あぐりさんでないと」

とおっしゃって、今も通ってくださっているお客さまもいらっしゃいます。

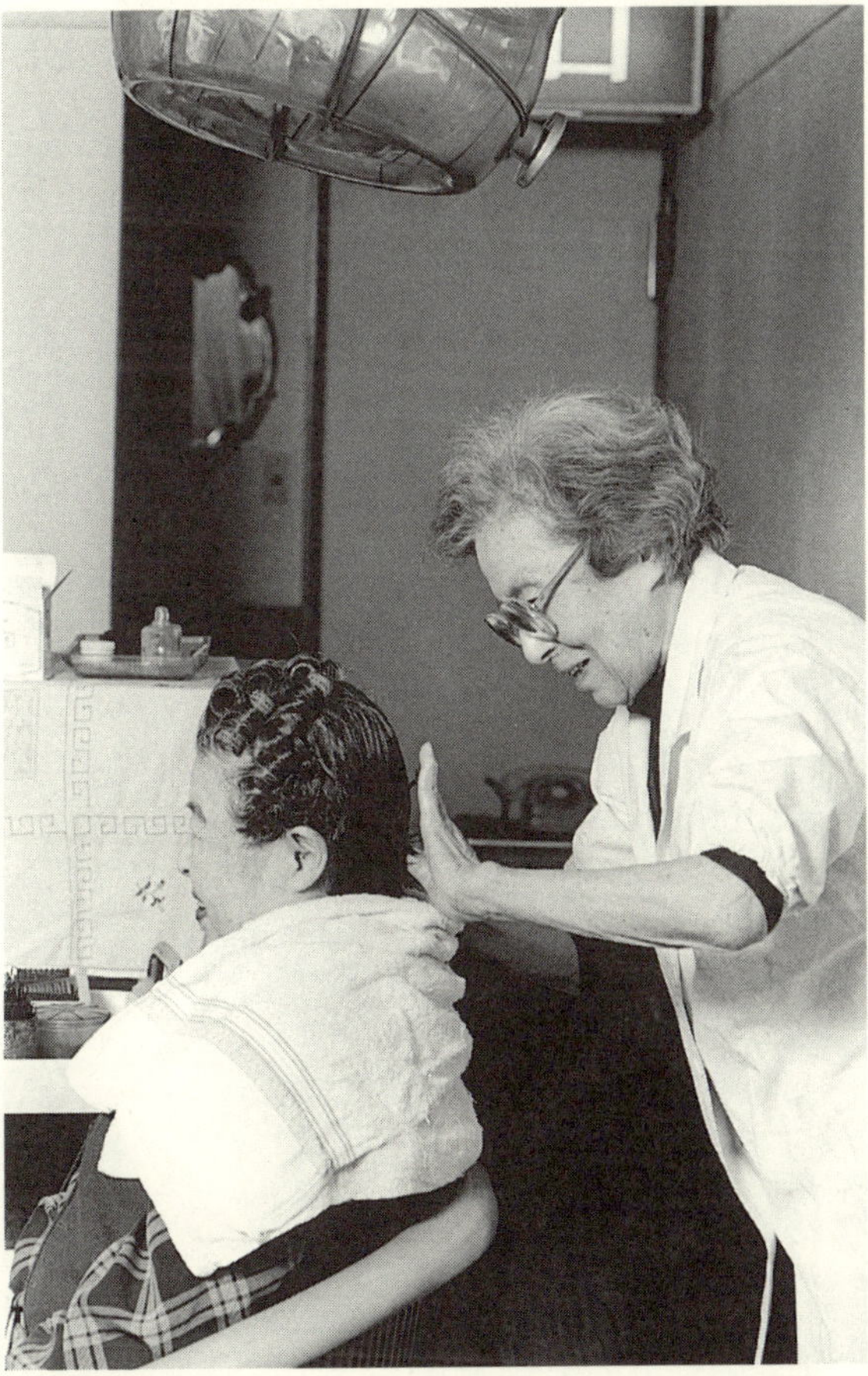

週に一度ヘアーセットにいらしてくださるクヌギ様

完璧主義と言われるぐらいきれいにしておきたい美容院

今、自宅のお掃除は、一月に三回、ヘルパーさんにお願いしています。

もちろん以前は自分で掃除機をかけていましたが、手が抜けない性質の私は、掃除もついつい丁寧にやり過ぎてしまうので、この頃は大変なのです。床にあるものを動かして、すみからすみまでやらないと気が済まないのですから、本当に困ったものです。

家だけでなく、美容院も同じ。今は和子の付き人をしてくださっている彼にお願いして、やってもらっているのですが、昔は毎晩仕事が終わった後、一所懸命、床を磨いたものでした。

それから、使った道具や器具を、きちんと磨いたり油を差したりして、お手入れ

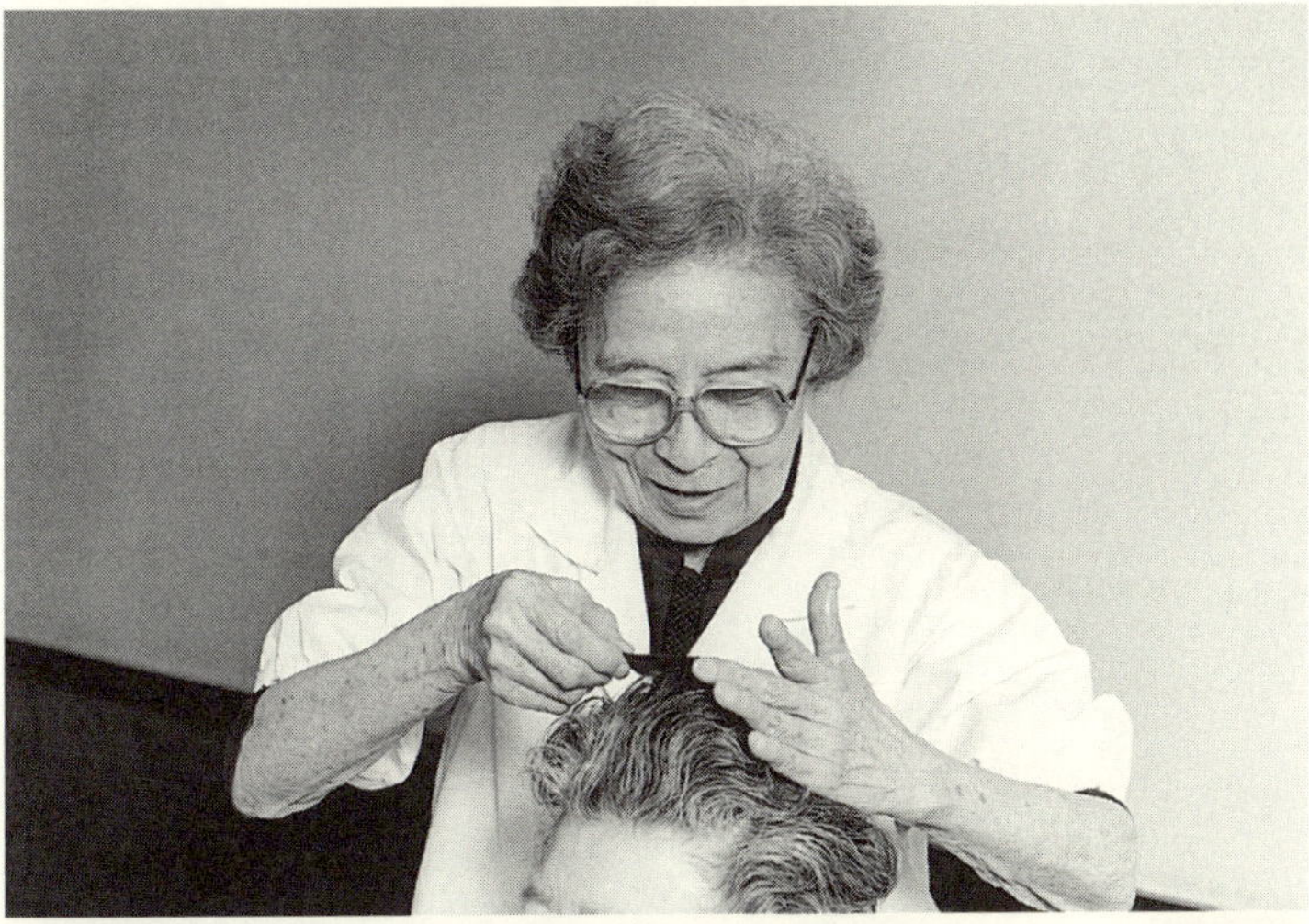

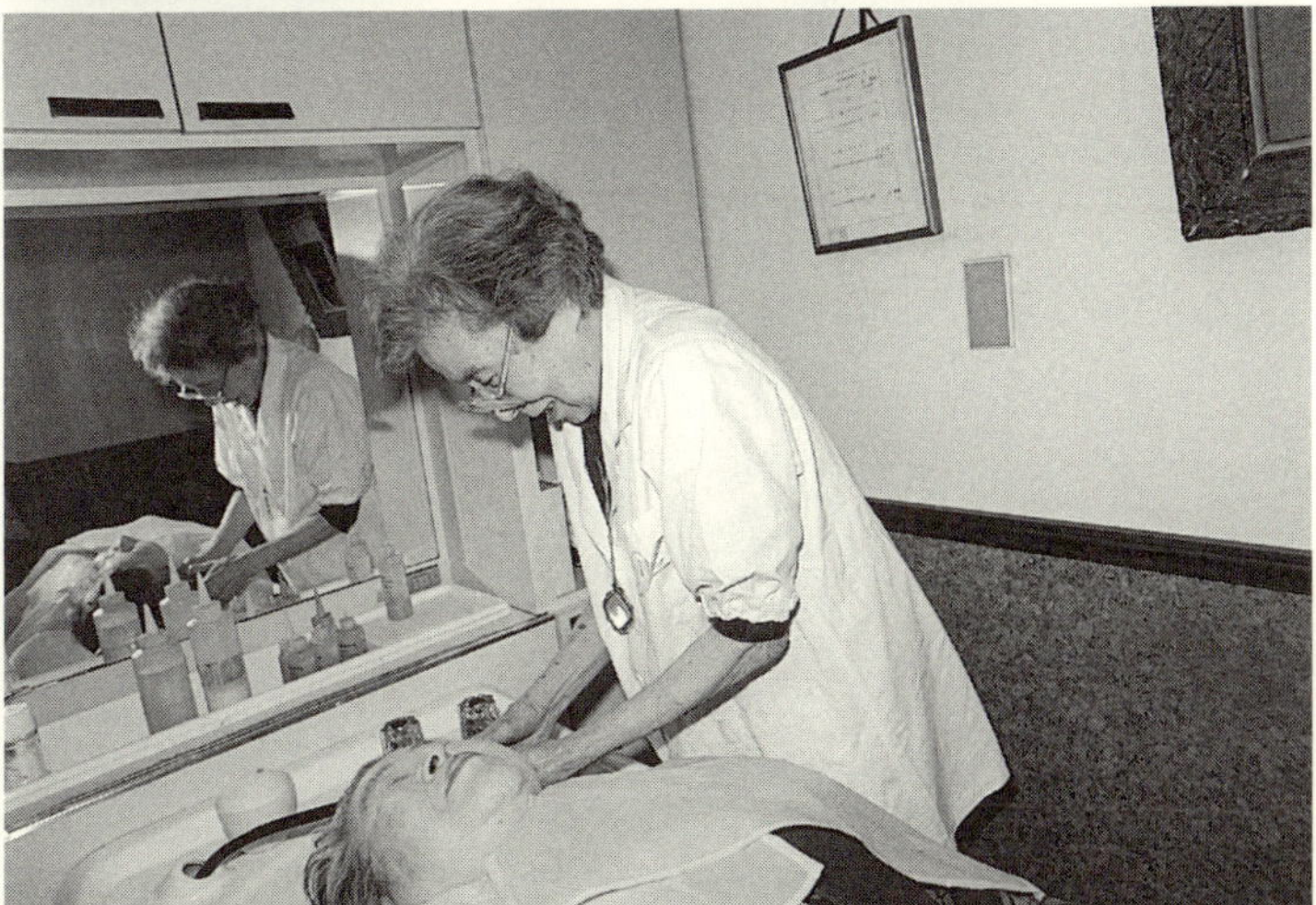

今もシャンプー、カット、セットまでをひとりでこなす
お店に出ているときが一番、心も体もしゃんとする時間

することも欠かしません。これは、山野千枝子先生のところで教わったことのひとつです。最初にそういうことを叩き込まれたことは、今でも役に立っていると思います。

それにしても、こんな私に付き合っていたお弟子さんたちは、きっと大変だったでしょう。仕事中、どうしても床にピンが落ちるのですが、私はそれを踏んで歩くのが嫌で、いちいち拾って歩いていたのです。そうしたら、

「先生がそんなことをなさいますと、私などはおちおち座ってもいられません」

と言われたことがありました。

本当は、人を指導するような立場の人間は、もっと鷹揚でなければならなかったのでしょうが、性分なんですから仕方がありません。

あぐり流
キレイと元気の
秘訣

病弱だった私が長生きなんて、人の運命は分からないものです

こんなに長生きをしている私ですが、昔は、決して丈夫なほうではありませんでした。

美容師の修業を終え、お礼奉公をしていた頃には、疲労から肋膜を患いましたし、終戦後、疎開先から東京に戻ってきた後には、一度、婦人科系の病気で死にかけたこともあります。

そのときは、山野千枝子先生の紹介で、戦争未亡人の方たちに美容技術を教えていたのですが、出血が止まらなくなり、急いで産婦人科の先生に診てもらわなければということになりました。

未知のお医者さまではとても診察していただく気になれませんので、理恵のお産

のときにお世話になった木下先生ならばと言いましたら、私の弟がようやく、焼け出されて世田谷のほうにいらした木下先生を探し出してきてくれたのです。結局、大きな病院でなければ治療ができないということで、先生に日本医科大学病院への入院の手はずを整えていただいたのですが、その夜、私は倒れ、担ぎ込まれてしまいました。

先生は、きっと、がんだとお思いになったのでしょう、すぐに手術ということになりました。けれど輸血していた血液が合わなかったようで、手術の日を待たず、死にそうになってしまいました。

自分では何にも分からなかったのですが、後で聞いた話によると、心臓の周りにカンフル注射をたくさん打たれて、かなり危ない状態だったそうです。当時、大学生だった淳之介は、おふくろが死んだら二人の妹たちをどうやって育てようかと思ったと言っていました。

結局、がんではなく、子宮の底に穴が開く病気だったのですが、戦後間もなくのことですから、お米や炭なども全部自分で病院に持ち込まなければならず、入院生活も、なかなか大変なものでした。

小さいときは扁桃腺が弱くて、よく真綿をガーゼに包んだものを首に巻いたりしていましたし、入院することもたびたびでしたから、私がここまで生きているなんて、誰も想像できなかったと思います。

私には姉二人、妹一人、弟二人のきょうだいがいましたが、私以外はみんな元気で、二人の姉など、女学校を四年間、一度も欠席しなかったような人たちだったのです。それなのに、その姉たちは父とともにスペイン風邪であっという間に亡くなり、一番弱かった私だけが今も元気でいるのですから、人の運命というのは、本当に分からないものだと思います。

仕事ができると表情にも自信。顔と文字は内面を映す鏡

もともとは、自分のひどい顔をどうにかしたくて美容師になりたいと思ったのですが、もう九十六年もこの顔と付き合っていますから、最近はこれでいいやと思うようになりました。

かつては、すごくきれいなお客さまを見て、「神様って、なんて不公平なのかしら」とか、「私もあんな素敵な顔だったら……」と考えたりしたものです。

けれど、そんなこと思ったって、どうかなるものでもありません。

一番最初に美容院を始めたときに、真新しい美容院の前で、お弟子さんたちとみんなで写真を撮りました。それを改めて見ると、私を含め、なんだかみんな野暮っ

たいのです。最初のお弟子さんたちは、田舎から来た人たちばかりでしたから、垢抜けていなかったのでしょう。

だけど不思議なことに、仕事を覚えるに連れ、みんなだんだんキレイになっていきました。美容の技術を身に付けたことで、自分自身をきれいに見せることができるようになったこともあるでしょうが、仕事ができるようになって、自信がついて、外見も変わっていったのだと思います。

私自身、その時々は、あまり意識もしていなかったのですが、今になって昔の写真を見ると、随分ひどい顔をしている時期があります。それは字も同じ。ひどく疲れていたり、悩んでいたりするときは、何だか嫌な字を書いているのです。きっと、顔や字には、内面が表われるものなのでしょう。

更年期もストレスも「鈍感」のうちに乗り切る

更年期障害で大変な思いをされる方も多いようですが、私は忙しくて、無我夢中だったせいか、ほとんど不調を感じることがありませんでした。

でも五十歳頃にはよく人から、

「ヘトヘトになっていますね」

と言われたりしていましたから、今考えると、その頃が更年期だったのかもしれません。ただ、特に肩が凝るとか、頭痛がするといったことは、全然ありませんでしたから、そんなことはすっかりすっ飛ばして、ただただ働いていたのでしょう。

私が更年期障害を感じなかったのは、仕事が忙しくて、それ以外のことを考えている暇がなかったというのもありますが、性格によるところも大きいのではないでしょうか。

　とにかく私は、人間が鈍感なのです。皆さんに、

「私に何かおっしゃってくださるんだったら、本当のことを言ってちょうだい。お腹の中で考えていらっしゃることは、全然分からないんですから」

　と言っているくらいなのです。

　でも、鈍感なのもいいものだと、自分では思っています。皆さん、ストレス、ストレスってよくおっしゃいますが、私にはストレスっていうのが分かりません。感じたことがないのです。「将来どうしよう」とか「将来の夢は……」と、しっかりお考えになる方が多いようですが、私はそういうことを、あまりあれこれ考えないからかもしれません。

　そりゃあ人間ですから、ときには腹の立つこともあります。けれどこういう仕事を通して、大勢の人と接してきたことで、「人は人。仕方がない」とすぐ思えるようになりました。私も随分長く生きてきて、少々ましな人間になれたのかもしれません。

自分が置かれている状況で精一杯で、人をうらやむ余裕もありませんでした

女学校の同級生には、結婚して岡山から東京に出てきている人が結構いましたので、同窓会がよく開かれました。私は最初のうちは参加しなかったのですが、年を取って人数も少なくなった頃から、しょっちゅう呼び出されては、一緒にあちこちに行ったものです。

ずっと忙しく働いていたこともあり、私は、仕事を離れてお友だちと遊んだり、旅行に行ったりすることがほとんどありませんでした。ですから、皆さんがご主人やお孫さんのことを話されたり、着物や時計を見せ合ったりするのを見て、ああ、こういうことを話すんだなーと、新鮮で面白く思ったものです。

同世代の人同士でお話をしていると、「自分には女の孫しかいないけれど、あの人には男の孫もいる」なんてことを、うらやましく思う方も中にはいらっしゃるようですね。

けれど、私はあまり、人をうらやましいと思うことはありません。私は、そのときそのときに自分が置かれている状況で精一杯で、それ以外のことに考えが及ばない人間なのです。

それでもときどき、新聞の投書なんかを読んでいると、いつまでも仲の良いご夫婦のことを書いていらっしゃる方がいて、少しうらやましく思うことがあります。はー、こんな結婚生活もあるのか、この人たちは穏やかで良い日々をお送りになっていらっしゃるんだなぁって。私には、そういう経験がありませんから、ちょっと憧れる感じでしょうか。

26〜27歳頃、美容院で

テレビの影響で、世の中に顔を知られてしまいました

物を読む時間がなくなるので、私は普段、テレビはあまり見ません。和子が出る番組だけは「仕方なく」見るのですが、この頃は舞台のお仕事などが多くて、テレビにはそれほど出ていないようです。

「おしん」だとか、いろいろ有名なドラマがありますが、そういうのも、私は全く見たことがありません。唯一、全部見たドラマといえば「あぐり」だけでしょうか。

ドラマの原作になった本『梅桃《ゆすらうめ》が実るとき』は、私の人生を本にしたいという出版社の方にのせられて、八十三歳のときに出版したものです。

自分ではなぜか分からないのですが、あの頃、なぜかいろいろな方からお話を聞かせてくださいと言われました。結局、口説かれて出すことになってしまったので

すが、それまでは、全部お断りしていました。よく皆さま、自叙伝なんかをご自分でお書きになりますけど、私はそんなこと、考えてもみませんでしたし、周りに物を書く人間が何人もいましたから、とてもとても、そんな気になれなかったのです。

そうして出た本が、今度はテレビドラマ「あぐり」になりました。私もどうなるのかしらと思いながら毎回見ていましたが、脚本家の方がお上手に書いてくださったこともあり、とても面白かったです。

私の役は田中美里さんが演じてくださったのですが、あんなきれいな方がお気の毒になぁと思いました。エイスケさん役の野村萬斎さんはイメージにぴったりだったと思います。萬斎さんは、エイスケさんの書いたものをお読みになって、研究してくださったということを聞きました。

「あぐり」が放送されてから、私自身も取材を受けたりしたのですが、それからは町を歩いていても、私のことを知っていらっしゃる方があり、声をかけてくださるのには驚くとともに、テレビって恐いなぁと思いました。私なんて、テレビに出ている有名な歌手の人なんかがいたって、絶対、分からないと思うのに。

もし私がさっさと死んでいて、私の話がテレビドラマに取り上げられることがなければ、誰も私のことをご存じないでしょうに、人生って、生きている限り、何が起こるか分からないものです。

それに、好きでやっているとはいえ、ただこのような仕事をしていて、あまり社会のお役に立っていないんじゃないかと思っていたのですが、「あぐり」を見たり、本を読んでくださった方の中には、

「あぐりさんに勇気づけられた」

とおっしゃってくださる方があったりするのです。そんなときは、長生きして良かったなと思います。

それにしても、テレビに出るときは髪もきれいにして、お化粧もしてから出ていますが、普段、その辺を歩くときは変な格好をしているのに、私にお気付きになる方には、同じに見えるのかしら？　テレビの威力って、本当に恐ろしいものです。

女優である和子とともにテレビや雑誌の取材を受けることも多い。
写真はテレビの旅番組の撮影で訪れた石川県能登半島でのスナップ

美容師は体力勝負。
四季の花に励まされて、朝の散歩で体力作り

山野千枝子先生が美容術をアメリカから日本に持ち帰った頃、アメリカでは美容師のほとんどが、男性だったそうです。というのも、当時はパーマネントの技術がなく、マーセルアイロンというコテで髪をセットしており、それが非常に力を要する仕事だったからのようです。

日本人の髪は黒くて硬いので、余計に力が必要なのですが、しっかりセットしておかないとすぐに形がくずれてしまいます。私などいつも指が豆だらけで、形が変わってしまうほどでした。

そうでなくても立ちっぱなしの美容師は、体力が必要な仕事です。けれど、しんどくなってきたのは、今日この頃。それでもシャンプー・セットくらいなら一時間

ほどですから何ともありませんが、パーマネントとなると二時間以上かかりますから、今はおひとりさせていただくともう十分、「ありがとうございました」という感じです。

ただ、私がそうやってしっかり立って働くのも、美容院にいるときだけ。家にいるときは、すっかり九十六歳のおばあさんです。

おそらく若いときは、働き過ぎだったこともあるのでしょうが、私は年をとってからのほうが、健康な気がします。ただ、長年お世話になっているお医者さまが「歩け、歩け」としきりにおっしゃるので、八十代の中ごろからは、毎朝二キロくらいの道のりを歩くようになりました。

若い頃は健康のために歩かなくてはなどと考えたこともありませんでしたし、今はお天気の悪い日はお休みすることにしていますので、「雨が降ったらいいなあ」なんて思っています。ときには休憩しながらの約一時間の散歩ですが、途中で「家まで帰れるかしら」と思いながら、やっとこさっとこ帰るようなあんばいですから、散歩というよりは、歩行訓練といった感じでしょうか。

当初は、その頃流行っていた万歩計を付けて、「一万歩歩かなくちゃ」とがんばっていたのですが、それだとつまらなくて……。だって、バスの停留所を二つ越えたところにある歯医者さんまで歩いて往復しても、やっと七千歩。一万歩なんて、なかなか歩けるものじゃありません。

ですから最近は、道端や公園に咲いている草花を眺めながら、マイペースで歩きます。お花は毎日変化しますから、今日は咲いているかなーと思うと、ちょっと億劫なときでも、励みになるのです。

最近の朝の散歩コース、外堀公園には、玉すだれや、クリスマスローズ、あじさいなど、季節季節の花が咲きます。ただ、足のためにも毎日歩かなければいけないのですが、実をいうと、今年の一月頃は、朝の散歩がさぼりがちになっていました。というのも、ちょうどこの時期だけは、ほとんど花が咲いていなかったのです。

それでも、あんまりさぼっていて歩けなくなっては大変ですから、「外堀公園のお花はどうなっているかしら」と思って、また歩き始めました。

年末には、薄いピンク色のかわいらしいバラがいっぱい咲いていたのに、そのとき残っていたのは、わずか一輪。それも薄茶色になって、今にも花びらが落ちそうな状態で、なんとかかんとかくっついているのです。私が花だったら、きっとこんな状態なのだろうなーと思いました。

けれど、そのバラの木にも一つだけ赤いつぼみがありましたし、これから咲くのでしょう、沈丁花も膨らみかけていました。これから温かくなるにつれて、公園も徐々に華やかになってくるはず。そうすれば、私も休まずに、散歩をがんばれると思います。

やっぱり何でも楽しくないと、長続きしないものです。

毎朝目を通す新聞二紙は、世の中を知る情報源

私の情報収集は、もっぱら新聞から。今は、東京新聞と朝日新聞の二紙を読んでいます。

以前はじっくり読んでいたのですが、この頃は読むスピードが遅いので、一紙読むのに一時間も二時間もかかってしまいます。ですから、いい加減に自分の好きなところだけ読んでいる感じです。

だいたいいつも、朝日新聞なら、まず一面の「紙面から」という目次みたいなところを読みます。その次に「天声人語」。それから政治家の方をちょっと眺めて、「声」という投書の欄を、いろいろな方があるなぁと思いながら読みます。その後、社会面を読んで、最後に死亡記事を読みます。

死亡記事に載っている方は、最近では、私より年上の人はめったに見かけなくなりました。五十代や六十代の方が多くて、九十歳まで生きていたら、自分の年を忘れて、長生きだなーと思ったりします。

それから、これは最近に始まったことではありませんが、経済面だけは読みません。私はとにかく数字に弱くて、ダウだなんだといわれても、さっぱり分からないのです。けれど昔から、それはそれでいいことにしています。

女学校の友だちなど、結婚してから株で儲けて家を建てたと言うのですが、本当でしょうか。私にはとても考えつかないことなので、その話を聞いて、へーそんな人があるのかと思って感心しました。

それにしても、この頃は不景気なんですね。

先日も、知っている美容師さんがおっしゃっていました。その方の美容院の周りにはバブルの頃に建てられたビルが多いらしいのですが、支払いができなくて、どんどん引っ越しておしまいになるので、馴染みのお客さまが少なくなっているのだそうです。

朝、散歩に出掛けると、地下道でホームレスの方たちが寝ていらしたりするのですが、今は失業している方も多いといいますから、大変です。

いったい今の状況を、政治家の方たちは、どんなふうに考えていらっしゃるのでしょうか。

主義主張のない人間だけど、好きな言葉は「人の上に人を作らず、人の下に人を作らず」

新聞などを読んでいると、ときどき、良い言葉に出会うことがあります。

この頃は物忘れが激しいので、ちょっと書き出してみたりしますが、特別読み返すこともしませんし、改めて自戒するようなことはありませんから、書き出しても、あまり意味がないかもしれません。

座右の銘とまではいきませんが、なかなか良い言葉だなと思うのは、福沢諭吉の「人の上に人を作らず、人の下に人を作らず」という言葉です。

私の子どもの頃は、家の人間と使用人とは、区別しなければならないような時代だったのだと思いますが、私はそういうことを意識せずに育ちました。別段、両親からそういうことを言われて育てられたわけでもないのですが、私の母は言葉遣いひとつとっても、家で働いている人たちにも、私たち子どもに対しても同じでしたから、私もそれが当たり前だと思っていたのです。ですから、結婚して吉行の家に行きましたら、言葉はきちんと区別しなければならないと言われて、ちょっとびっくりしました。

私には、何か特別な主義があるわけではありません。人には、

「あなたは子どもさんをほったらかしていらしたから、放任主義でしょ」

などと言われるのですが、私は、主義主張なんて何にもない人間なのですから。

けれど今朝もテレビを見ていましたら、迎賓館の中を映していたのですが、随分立派で、日本にもこんなところがあるのかと感心する一方で、ホームレスの人には家がないのになと思ってしまいました。

どうも私は、すぐそういうことを考えてしまう人間のようです。

機械音痴だから筆まめに。理恵への連絡はチラシの裏に書く手紙

私は機械音痴です。

使える電化製品といえば、掃除機、洗濯機、トースター、電気炊飯器、テレビ、それからドライヤーくらい。携帯電話だとか、ファックスだとか、パソコンだとか、そういう便利なものはてんでダメですから、新しいものには近づかないことにしています。

その代わりというわけではありませんが、手紙はよく書くほうだと思います。自分からはあまり書かないのですが、頂いたものには、必ずお返事を書かなければ気がすみません。

手紙をくれるのは、女学校の友だち、美容院のかつてのお弟子さん、家事をして

くれていた人など、いろいろです。

それにしても、最近、どんどん周りの友だちが亡くなります。女学校時代のお友だちなんて、一組五十人いたのですが、八十代で結構亡くなり、今も健在で手紙のやりとりなんかができる人は、やっと二、三人です。仲の良かった友だちがいなくなるのは、とても寂しいですから、「どうかみんな、長く生きていて」と願わずにはいられません。

それから、終戦直後に「スタイル」という雑誌があり、その婦人記者だった方とも、いまだにお手紙のやり取りをしています。その方はいつも、とても素敵な絵ハガキでお便りをくださいますから、全部とってあるのですが、何しろお付き合いが長いので、今では分厚い束になっています。

それにしても、皆さん、年をとると、手紙を書くのもめんどうになるようですね。岡山で吉行の家を守っているエイスケさんの弟の未亡人、富子さんも、とても字が上手なくせに、電話をかけてきます。私もこの頃は思うように字が書けなくて、年だなーと思うのですが、電話ではあまり、長々とはおしゃべりしません。電話というのは、用件だけ伝えるものだと、ただただ思い込んでいるのです。こちらからかけるときなど、向こうの様子がよく分かりませんから、何かやっているかもと、考えてしまいます。

それは、子どもに対しても同じ。理恵はそもそも電話に出ないので、伝えたいことがあるときは、チラシの裏などに用件を書いて、部屋のポストに入れておくのですが、和子には電話をかけます。同じマンションに住んではいますが、生活は各自バラバラですから、朝早い時間や遅い時間は寝ているかもと思って、かけないようにしています。

化粧品にかぶれて以来、肌のお手入れは特注クリームのみ

子どもの頃の私は色が黒く、真っ黒い髪が丸い顔を縁取っていたので、「黒塗りのお盆」などと言われていました。

あるとき新聞に「七日つけたら鏡をごらん、色白くなる美顔水」という広告が出ており、これをつけたらきれいになるのかしらと思ったことを覚えています。コンプレックスというほど気にしていたわけではないと思うのですが、母も二人の姉も色が白かったので、「お母さんもお姉さんも色白なのに……」とか何とか、大人に言われるようなことはあったのかもしれません。

二人の姉は、着物の裏地などに使うきめが細かく赤い色をした「もみ」という絹地で袋を作り、その中に糠を入れて、顔を洗ったりしていました。

私も若い頃はいろいろな化粧品を試したり、一所懸命お肌のお手入れもしていたのですが、三十歳くらいのとき、突然、化粧品にかぶれてしまいました。あちこちのお医者さまを随分訪ね歩きましたが、全く良くならず、結局、治るまで、七年ほどかかったように思います。

どうやら化粧品に入っている香料が悪かったようなのですが、当時は香料を入れずに化粧品を作ることが難しかったらしく、無香料の化粧品がなかなか見つかりませんでした。

そこで、化粧品会社にいた知り合いの方に特別にお願いして、無香料のクリームを作っていただき、それ以来、私がお肌のお手入れに使っているのは、そのクリームだけです。

洗顔のときも石けんなどは使わず、何十年も水だけ。その代わり夜寝る前は、必ずそのクリームをたっぷりつけて、一日の汚れをきれいに拭き取るようにしています。ただ、私は若い頃から、鼻の上がテカテカ光るような脂の多い肌でしたから、こんなお手入れでも大丈夫だったのかもしれません。

今は、美顔術やマニキュアなどは、エステやネイルサロンで行なうようですけれど、昔はそれらも美容院で行なっていました。特に戦前は、一週間に一度、お肌や御髪のお手入れに来られるような方も多くいらっしゃいましたし、仕事はいろいろ多くありました。

フェイスマッサージのほか、泥のクリームやキュウリ、レモンを使ったパックを行なうのですが、キュウリやレモンを薄く切り、肌に貼ってしばらく置いておけば、水分補給ができるのです。

ただし、レモンは人によっては刺激が強すぎるので、ちょっと注意が必要かもしれません。現在でもパックの方法として使われていると思いますけれど、何しろ自分のやり方しか知らぬ、井の中の蛙です。

白内障を手術して、見え過ぎて困る自分の顔

数年前、白内障の手術を受けてから、世の中が随分明るくなりました。

実は私、四十歳くらいから白内障を患っていたのですが、そのときお医者さまに、「いよいよというときまでは、まだ手術はしなくてもいいでしょう」と言われたのをいいことに、そのままほったらかしていたのです。

それから約五十年。「手術したらよく見えるようになりますよ」「良い先生を紹介して差し上げますよ」といろいろな人にすすめられながら、こんな世の中、いい加減に見えていて結構と思っていました。けれど九十を過ぎて、とうとう眼鏡と天眼鏡を二つ使わなければ字が読めなくなってしまい、それはとても疲れますから、手術することを決意したのです。

随分前、何年くらい前でしたか、お客さまで白内障の手術をなさいました方から、そのときの様子をうかがったことがあります。ベッドに体を固定させて、動かぬようにしたとのこと、大変なことだなと思いましたので、手術はちょっと遠慮していたのです。けれど、淳之介が白内障の手術をしたことを小説にしたものを読んで、医学の進歩の素晴らしいことを知ったことも大きなきっかけとなりました。

手術は一〜二日あけて片目ずつ行なったのですが、一回の時間はほんの三十分くらい。本来なら日帰りでもいいところを、私の場合は和子が送り迎えをしなくてはなりませんので、行き帰りするのが面倒で四〜五日入院したのですが、全く痛くありませんでした。

手術後に驚いたのは、自分の顔がよく見えること。シミがあちらこちらにあるのです。「私って、こんなひどい顔をしてたのかー」って思いました。

世の中、あんまり見たくないものもあるものです。それはともかく、おかげさまで今では、眼鏡も天眼鏡もなしで新聞や雑誌が読めます。以前は、片手で本を持って、片手で天眼鏡を持って読んでいたのですから、随分ラクチンになりました。こんなことならもっと早く手術しておけばよかったと思うこの頃です。

入れ歯に補聴器……
お客さまの前ではシャキッとしたい

今、私の歯は、下の奥歯が少し残っている以外は入れ歯です。

若い頃から歯はよく磨いてはいましたが、特別、注意していたわけでもありません。今となっては、もっと丁寧に磨いておけばよかったと後悔していますけれど、この年にもなれば仕方のないことでしょう。

それから耳には、補聴器をしています。

よく子どもたちには、

「自信家ねぇ」

と言われるのですが、ちょっと前まで、自分の耳が遠いなんて、思ったことがなかったのです。

けれどあるとき、美容院でお客さまの相手をしておりましたら、入口のところに若い方が来て、少しドアを開けて何かおっしゃっているのです。よく聞こえないので何かしらと思っていましたら、お客さまが、

「ガスの検針だっておっしゃっているのよ」

と教えてくださいました。それで初めて自分の耳が遠いことが分かり、補聴器をつけることにしたのです。

お手入れは面倒だし違和感はあるし、入れ歯も補聴器も、最初は不愉快でした。けれど私の場合はお客さまを相手にしますから、嫌だとも言ってられません。だってお客さまに対しては、いつでもきちんとシャキッとしていなければ、失礼だと思いますから。それに、もう年も年ですから、それはそれで仕方ないと、諦めています。

仕事が何よりの元気のもと

よく歩くこと、好き嫌いなく食べること……あぐり流養生あれこれ

若い頃は自分の体のことなど、あまり考えたことがありませんでしたが、この頃はさすがに、いろいろと気を付けるようになりました。

私の娘たちは仕事をもっていますから、私が寝たきりになったりしたら、困ってしまうと思います。この頃のことですからどなたか手助けしてくださる方もあるでしょうが、人さまに何かお願いすることを考えると、それだけで気が重くなってしまうのです。

とはいえ、私が健康のために日頃からやっていることは、歩けなくならないように一所懸命歩くことと、何でもいただくようにしていることくらいでしょうか。

食べものは、お野菜をたくさん食べるようにしています。子どもの頃から好き嫌いはありませんでしたが、つい最近までは、食べることをいい加減に考えていたように思います。

最近は、いろいろな栄養剤などのお薬が出回っています。ビタミン剤などを、これは良いからと人にすすめられますと、早速買い求めてはみるのですが、すぐに飲むのを忘れてしまうのです。ですからもう諦めて、お薬は飲まないことにしています。それでも結構元気にしているのは、原始的な人間だからでしょうか。

風邪薬ぐらいは飲むのですが、最近は、そもそも風邪をひかなくなりました。年を取ると、風邪も寄ってこないのかもしれません。

その代わり、若い頃は面倒でやらなかったのですが、最近は、食事のたびにちゃんと歯を洗って、うがいをするようにしています。

意固地な私も九十六年生きて、人間が丸くなりました

私は意固地ですから、昔は人に対しても、ものすごく好き嫌いの激しい人間でした。

若い頃は、お弟子さんがたくさんいましたから、みんなに同じように接しなければと思うのですが、どういうわけか、何だかあまり好きになれない人というのがいました。その人が悪いわけではなく私が悪いのですが、そういう関係にも、相性ってあるのでしょうか。そうはいっても仕事ですから、何とか直そうと努力したつもりです。

あの頃に比べると、今は随分、人間が丸くなりました。まあ、九十六年も生きてごらんなさい。どんな人にも良いところがおありになると思えるようになります

から。

けれど、顔や態度には出さないまでも、やっぱり中には、どうしても好きになれない人というのがいます。品性下劣というのでしょうか、そういう人はとてもごめんだと思いますし、あんまりお金のことを言う人も好きではありません。

その辺は私の場合、少し抜け過ぎているので、人に偉そうなことは言えません。将来のことを考えて、しっかりと計画を立てたりする人がいますが、私は全然そういうことができません。それに、お買い物をするときなど、

「物を買うときは、ちゃんと値切らなきゃだめよ」

と言われても、値段を確かめることすら忘れてしまうのですから。

私はお釣りをもらっても、確かめることをしたことがないのです。こんな習慣は直さなくてはと分かってはいるのですが、この年になってしまいましたので、もう今さら無理でしょう。

「おっちょこちょい」同士の幼馴染みを見送る寂しさ

私には、小学校から女学校まで一緒だった、仲の良い友だちがいました。女学校ではクラスが違ったので少し離れていた時期もありましたが、小学生のときなど、しょっちゅう私の家で宝塚ごっこをして遊んだものです。

その人は結婚して京都に住んでいたのですが、娘さんが東京にいらしたこともあり、お互いに年を取り暇になった頃から、彼女がときどき東京に来ては、私を引っ張り出してくれました。

車で行けるところまでですが、富士山にも登りましたし、私が彼女を新宿御苑に連れて行って、

「私の庭ですから、どうぞご自由にお遊びください」

などと冗談を言ったりして、二人であちこち行ったものです。

あるときなど彼女が、

「京都の鴨川に、ゆりかもめっていうとってもかわいい鳥がいっぱい来るから、見にいらっしゃいよ」

と言うものですから、どんな鳥なんだろうと思って、はるばる新幹線で京都まで参りました。

彼女が予約しておいてくれたホテルに二人で泊まり、ゆりかもめを見たりして遊んだのですが、東京に帰ってきて、市ケ谷のお堀に朝の散歩に出掛けたら、ゆりかもめがいっぱいいるのです。なーんだ、なにも京都まで行くことなかったのにと、おかしかったですけれど、お互い、ちょっと抜けているところも似ていたのかもしれません。


小さいときの友だちって、本当に良いものです。自慢話なんかしなくても、お互いに分かり合えるし、いっぱい話すことがありますから。大人になると、めったにそういう友だちはできるものではありません。

ですから九年前、淳之介が亡くなったのと同じ年にその友だちが亡くなったときは、本当にショックでした。亡くなる前にしばらく入院していたのですが、死ぬなんて思わなかったのでお見舞いにも行かず、行けばよかったと、今になって後悔しています。

ほかのことは忘れても……花にまつわる記憶は鮮明

和子が舞台などをしていると、たくさんお花をもらってきては、私の部屋に置いていきますから、花瓶にいけたり、水をやったり、大忙しです。私はしょっちゅう水を替えたりして、小まめに世話をするので、結構、お花が長持ちします。

自分では気付かなかったのですが、私は昔から、お花が好きみたいです。

女学校を卒業して何年も経ってから、同級生の一人が学校の思い出を書きましょうと言い出して、皆で文集を作ったことがありました。

皆さん、先生の思い出だとか、教室のことなんかを書いているのに、私が書いたのは、お花のこと。花壇にはこんな花が咲いていたとか、校庭の隅にはこんな花が咲いていたとか、花を見るために学校に行ってたのかなっていうくらい、お花のことばかり書いているのです。それを見て、私はこんなときから花が好きだったんだなと思いました。

考えてみれば、私は、ほとんどのことはすぐに忘れてしまうのに、なぜかお花の記憶だけははっきりしているのです。

子どもの頃、家の裏庭に、梅桃だとか、グミだとか、かわいらしい花や実のつく木がいろいろと植えてありました。肺炎か何かになって病院に入れられ、退院して帰ってきたときに、ちょうど梅桃がいっぱい咲いていたのを覚えています。小さくて赤い、かわいらしい実が、ルビーが散らばっているようにたくさんついていました。

子どもの頃は、わざわざお花を買ってきて、部屋に飾ったりしていたわけでもないのですが、そういう記憶がはっきりしているということは、きっと私は、昔からお花が好きだったのでしょう。

九十歳の新藤兼人監督に言って差し上げました。「あなたなんて、まだまだ若造よ」

先日（平成十四年十二月）、朝日新聞の対談で、新藤兼人監督にお会いしました。新藤監督は、あんなに良いお仕事をたくさんなさっているのに、全然偉そうにならないし、温かい雰囲気の方。とっても楽しくお話できました。

新藤監督は九十歳。充分、立派なお年ですが、なんたって、私のほうが何年も長く生きていますからね。

「あなたなんて、まだまだ若造よ」

と言って差し上げました。そしたら後日、その言葉が天声人語にまで載ってしまって、「しまったー」と思いましたけど。

子どもの頃、私のおじいさんが亡くなったときには、「この人は、随分長生きしたなー」と思ったのですが、今考えると、せいぜい六十歳くらいだったでしょうか。今の私にとったら六十歳なんて、若造の若造です。

新藤監督には申し訳ないのですが、私は若い頃から外国映画一辺倒。日本映画をあまり観たことがありませんから、予備知識を入れておかなくちゃと思って、あの方のご本を一所懸命読んでお会いしました。

近々新藤監督の映画が封切られるそうですから、ぜひ観に行きたいと思って、楽しみにしています。

それにしても私って、偉い方に会っても、あまり緊張するようなことがありません。それは年をとったからというわけではなく、若いときからですから、やっぱりその辺、落ちこぼれなんじゃないでしょうか。

それに加えてこの年になると、ちょっとやそっとのことでは、驚かなくなりました。そもそも私は鈍いですから、普通の人が感激したり、驚いたりされることも、だいぶ経ってから「ほー」と思うのです。私の場合は、何でも五十年くらい経たないと、分からないのかもしれません。

できることなら、あっさり行きたい

この頃、幼い頃のことは聞かれるたびによく思い出しますけれど、最近のことはすぐ忘れてしまいます。きっと、向こうが近いからなのでしょう。というのも、長い間寝たきりの状態だった姑が、最晩年の頃、子どものときの話ばかりしていましたから。

こんな私でも、死に方については、よく考えます。できることなら、あっさり死にたい。だからこそ、一所懸命歩いているのです。

ネパールに旅行したとき、有名な占い師の方に占ってもらったら、

「あなたは九十七歳まで生きる」

と言われました。九十七歳といえば、あと一年ほど。だから娘たちには、

「私はきっと、あと一年とちょっとしたら死にますからね」
と、折りにふれて言っているのですが、彼女たちはてんで相手にしてくれません。

先日、かかってきた電話に出ましたら、相手の方が早口で何かまくしたてていました。最初は何を言っているのか分からなかったのですが、そのうちお墓のセールスだということが分かりましたので、
「お墓はありますから結構です」
って、電話を切っちゃいました。

生きているうちに、自分のお墓を準備なさる方も多いのですってね。私は、死んだら岡山にある吉行のお墓に入ることになるのでしょうが、お墓をどうするとか、お葬式をこうして欲しいとか、そんなことは考えたことがありません。

父が亡くなったときには、母は大きなお葬式を出しました。父が生きていた頃は、私の家も随分、羽振りよくしていたのでしょう。先年、甥から父の葬式の写真を見せられて、長々と参列者の行列が続いているので驚きました。何しろ、小さな地方都市、岡山のことですから。

一家の大黒柱を亡くし、これからお金が必要だというときに、大きなお葬式を出すなんて、母も見えっ張りというか、気前がいいというか……父への思いのようなものを感じ、改めて母は可哀想だったなと思いました。

私の死後のことは、何も考えたことがありません。娘二人が何とかしてくれると安心していますけれど、なるべくならお葬式はして欲しくありません。いろいろ注文をしてももう何もできないのですから、残った人が何とかしてくれると思っています。

路上で死体を見たことがありませんので、たとえどこかで倒れていても、ちゃんと片づけられるのだと安心しています。

あとがき

明治の終わりから今日までの年月には、いろいろなことに巡り合いました。

最近、話題になっている新型肺炎（SARS）とそっくりの恐怖に襲われたのは、大正八、九年、小学生のときでした。スペイン風邪と名付けられたインフルエンザが全国を駆け巡り、大勢の患者と死者を出し、私の父や二人の姉の命もあっという間に奪われてしまいました。大正十二年には関東大震災が起こり、地方に住む者には東京はなくなったと聞かされたほどです。そして昭和に入り、政府の要人が殺される大きな事件が起き、やがて戦争へと私たちは巻き込まれていきました。

アメリカからのたび重なる空襲で、私も開業していた美容院など、一切のものを失ってしまったのです。そしてあの広島と長崎への原子爆弾の投下によって、ついに烈しかった戦争は終わりました。

あの戦争は本当にひどいものでした。そして自分ながら、戦争の苦しく過酷な日々を、よくぞ耐えてきたと思います。戦時中、長い間病床にいた姑が、今のようにテレビを見ることができたら、どんなにか慰めになったことでしょう。

戦後五十年以上も経ち、世の中はすっかり変わりました。ファックスだ、パソコンだなどと聞かされているうちに携帯電話の大流行。これら一切にそっぽを向いている私は、娘たちから「昔話もしない人」と言われていますけれど、この頃は否応なしに昔のことから今日までのことを聞かれることがありますので、いろいろと思い出します。今まで一度も思い出したことのないようなことでも、頭のどこかに棲みついていたのでしょうか、ふと記憶がよみがえることがあります。

新しい年を迎えるたびに、今年こそは日記をつけるぞ、と意気込んで始めますのに、いつも三日坊主です。こんな私のとりとめのない話に、素朴社の笠真美子さんは根気よく、度々お付き合いくださり、本にしてくださいました。大層なお骨折りのことだったと思います。

日記も続かない私にこんな嬉しい贈り物を頂けましたこと、本当にありがとうございます。深く深く感謝をいたします。ありがとうございました。

平成十五年六月

吉行あぐり

吉行あぐり（よしゆき・あぐり）

明治40（1907）年7月10日、岡山市生まれ。岡山県立第一高等女学校在学中の大正12年、15歳でダダイズムを代表する作家・吉行エイスケと結婚。翌13年、長男・淳之介を出産。14年、東京で勉強していたエイスケと暮らすため上京。洋髪美容師・山野千枝子の内弟子として2年間修業した後、昭和4年、東京・市ケ谷に「山ノ手美容院」を開く。東京・銀座と岡山にも支店を開きながら、長女・和子、次女・理恵を出産。15年、エイスケ急死。戦災で店は閉鎖され、自宅も空襲で焼失する。24年、辻復（平成9年没）と再婚。27年、「吉行あぐり美容室」として美容院を再開、今日に至る。長男・淳之介（平成6年没）と次女・理恵は芥川賞作家、長女・和子は女優。著書にNHKの連続テレビ小説「あぐり」の原作となった『梅桃が実るとき』（文園社）をはじめ、『「あぐり美容室」とともに』（PHP）、『あぐり 95年の奇跡』（集英社）などがある。

あぐり流　夫婦関係・親子関係

2003年7月30日　第1刷発行
2003年9月30日　第2刷発行

著　者　　吉行あぐり

発行者　　三浦信夫

発行所　　株式会社素朴社
〒150-0002　東京都渋谷区渋谷1-20-24
電話　03（3407）9688
FAX　03（3409）1286

印刷・製本　モリモト印刷株式会社

ISBN4-915513-74-2　C0095
価格はカバーに表示してあります。